# 自称〝元首〟の本心に迫る

## 安倍首相の守護霊霊言

Ryuho Okawa

大川隆法

# まえがき

私は原則「殺人剣《さつじんけん》」は使わない。「活人剣《かつじんけん》」のみを使うように心がけている。

だが本書の「太刀《たち》の斬《き》り込《こ》み」は、安倍首相には暴挙《ぼうきょ》に近く感じられることが、わからないわけではない。権力者特有《とくゆう》の病《やまい》というものがあるからである。「絶対権力《ぜったいけんりょく》は絶対に腐敗《ふはい》する」（アクトン卿《きょう》）という言葉が、永遠の真理であるかどうかはわからない。しかし、信長も秀吉も、ヒトラーも、晩年は強度のストレスのため、神経質になり、政権運営の重みゆえに、暴君《ぼうくん》のようにふるまったことは確かである。

（旧）民主党政権下で野党であった頃の謙虚さを、安倍首相は三～四年で忘れてしまったらしい。味方が敵に見え、諫言《かんげん》（いさめること）が絶対悪《ぜったいあく》に見えるようになったなら、すでに亡霊《ぼうれい》に取り憑《つ》かれていると言わざるを得ない。尊《とうと》いものを見失ったなら、民主政が、政治家自身の手によって、暴政《ぼうせい》（タイラニー）に転落するのは早かろう。

二〇一六年　九月六日

幸福《こうふく》の科学《かがく》グループ創始者兼総裁《そうししゃけんそうさい》
幸福実現党創立者兼総裁《こうふくじつげんとうそうりつしゃけんそうさい》　大川隆法《おおかわりゅうほう》

# 自称〝元首〟の本心に迫る　目次

# 自《じ》称《しょう》〝元《げん》首《しゅ》〟の本心に迫《せま》る

## ――安倍《あべ》首相の守護《しゅご》霊霊言《れいれいげん》――

二〇一六年九月五日　収録

東京都・幸福の科学総合本部にて

「霊言現象《れいげん》」とは、あの世の霊存在の言葉を語り下ろす現象のことをいう。これは高度な悟《さと》りを開いた者に特有のものであり、「霊媒現象《れいばい》」(トランス状態になって意識を失い、霊が一方的にしゃべる現象)とは異なる。

また、人間の魂《たましい》は原則として六人のグループからなり、あの世に残っている「魂のきょうだい」の一人が守護霊《しゅごれい》を務めている。つまり、守護霊は、実は自分自身の魂の一部である。したがって、「守護霊の霊言」とは、いわば本人の潜在《せんざい》意識にアクセスしたものであり、その内容は、その人が潜在意識で考えていること(本心)と考えてよい。

なお、「霊言」は、あくまでも霊人《れいじん》の意見であり、幸福の科学グループとしての見解と矛盾《むじゅん》する内容を含《ふく》む場合がある点、付記しておきたい。

# 自称《じしょう》〝元首《げんしゅ》〟の本心に迫《せま》る

――安倍《あべ》首相の守護《しゅご》霊霊《れいれい》言《げん》――

二〇一六年九月五日　収録

東京都・幸福の科学総合本部にて

安倍晋三《あべしんぞう》（一九五四〜）

政治家（衆議院議員）、自由民主党総裁（第二十一代および第二十五代）。祖父は元首相の岸信介《きしのぶすけ》、父は元外相の安倍晋太郎《しんたろう》。成蹊《せいけい》大学法学部卒業。一九九三年に衆議院議員に初当選。二〇〇六年九月、内閣総理大臣（第90代）に就任し、わずか一年で辞任したが、二〇一二年十二月、再び内閣総理大臣（第96代）に就任した。二〇一四年十二月に再任（第97代）され現在に至る。

質問者　※質問順

里村英一《さとむらえいいち》（幸福の科学専務理事〔広報・マーケティング企画《きかく》担当〕兼《けん》ＨＳＵ講師）

綾織次郎《あやおりじろう》（幸福の科学常務理事 兼「ザ・リバティ」編集長 兼 ＨＳＵ講師）

［役職は収録時点のもの］

# 1 〝国策捜査《そうさ》〟について安倍《あべ》首相守護霊《しゅごれい》を宗教喚問《かんもん》する

## 幸福実現党家宅捜索《そうさく》に関する経緯《けいい》

里村　これより、「安倍《あべ》首相守護霊《しゅごれい》に幸福実現党〝国策捜査《そうさ》〟の真相を問う」というテーマで、リーディングを始めさせていただきたいと思います。

初めに、私のほうから、今回の事案の経緯《けいい》を簡単に説明させていただきます。

二〇一六年七月に行われました参議院選挙に関する動きになります。

まず、警視庁によって、「六月二十三日の、東京選挙区における幸福実現党の街頭演説において運動員買収が行われた」として、結果的に、七月二十六日に、タレント一名と会社経営者二名、計三名が逮捕《たいほ》されました。この容疑は、運動員買収で、「五万円の謝礼を払《はら》って、タレントに選挙応援《おうえん》を依頼《いらい》した」というものです。

そして、この五万円の運動員買収の容疑で、八月二日、幸福実現党本部に家宅捜《そう》索《さく》が入りました。この家宅捜索に関しては、マスコミ等でも、「党本部への捜査は異例」という表現で報道されています。

さらに、八月十六日、最初の逮捕の案件の勾留《こうりゅう》期限を迎《むか》えた日に、「六月三十日にも、東京選挙区で、もう一件、運動員買収が行われた」ということで、先に逮捕されていた三名が再逮捕されました。

その後、六月二十三日と六月三十日の二件の運動員買収で捜査が進められ、書類送検がなされました。さらに、本日、九月五日、再逮捕の件の勾留期限を迎えたこの日に、東京地検は、先に逮捕されていた三名に加えて、幸福実現党の党職員を、在宅のまま起訴《きそ》したのです。合計四名が、本日、起訴されました。

このあとは、公判、ならびに判決という流れになります。

いずれにしても、今までの調べの最中において、四人とも基本的に容疑を認めており、また初犯であって、さらには、金額等もそれほどでもない案件であるにもかかわらず、四十日以上に及《およ》ぶ勾留が行われました。しかも、党本部にまで家宅捜索が行われたわけです。そういう点で、人権上も大きな問題がある捜査ではないかと思われます。

なお、一部マスコミからは、すでに、「首相官邸《かんてい》からの圧力があったのではないか」という報道も始まっております。

また、これまでにも、家宅捜索について、そして、幸福実現党〝国策捜査〟の真相について、計三回のリーディングを賜《たまわ》り、政権側からのいろいろな圧力や関与《かんよ》というものを窺《うかが》い知る状態になっております（『幸福実現党本部　家宅捜索の真相を探《さぐ》る』〔幸福実現党刊〕、『菅官房長官《すがかんぼうちょうかん》の守護霊に訊《き》く　幸福実現党〝国策捜査〟の真相』〔幸福の科学広報局編、幸福の科学出

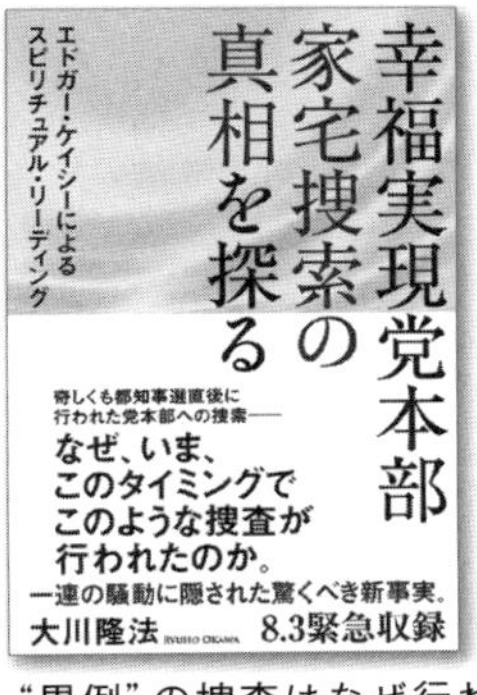

“異例”の捜査はなぜ行われたのか。
『幸福実現党本部 家宅捜索の真相を探《さぐ》る』（幸福実現党刊）

安倍政権の“ご家老”は今、何を狙っているのか。『菅官房長官の守護霊に訊く　幸福実現党“国策捜査”の真相』（幸福の科学広報局編、幸福の科学出版刊）

版刊）、『二階俊博《にかいとしひろ》自民党幹事長の守護霊霊言《れいげん》』（幸福実現党刊）参照）。

本日、改めて、「彼らがいったい何を狙《ねら》いとしているのか」、あるいは、「いったいどこまで、この案件を進めようとしているのか」といった、さまざまな問題について、リーディングをお願いしたいと思います。

よろしくお願いいたします。

## 極《きわ》めて人権侵害《しんがい》が起きやすい領域での捜査《そうさ》

大川隆法　はい。まあ、官房長官（菅義偉《よしひで》氏）や、幹事長（二階俊博氏）を調べましたので、いよいよ、〝本丸《ほんまる》〟の安倍さんのほうを宗教喚問《かんもん》するときかもしれないと思っております。

今、安倍さんは、G20で、中国・杭州《こうしゅう》において夕方ぐらいから会議をしているこ

親中派の幹事長の守護霊が語る安倍政権の未来。『二階俊博自民党幹事長の守護霊霊言』（幸福実現党刊）

ろかと思いますので（注。本収録当日の二〇一六年九月五日夜、中国・杭州を訪問中の安倍首相は、習近平《しゅうきんぺい》国家主席と会談した）、〝中身〟（守護霊）を抜《ぬ》き取ると、もしかしたら、寝始《ねはじ》めたりすることがあるかもしれません（笑）。

里村　（笑）

大川隆法　そうなると、国益上、いろいろと具合の悪いことがあるかもしれないですね。もし、夕方にグーグー寝たりするようなことがあっても責任は負えないのですが、そういうことも一部あるかもしれません。もちろん、ほかのことで頭を使っているとは思いますけれども。

なお、当方も、幸福実現党家宅捜索の事件について聞いたのは、もう一カ月ぐらい前になるとは思います。八月二日に家宅捜索があって、その翌日に最初のリーディングを行《おこな》ったはずですから、ちょうど一カ月ですね。

まあ、役所というか、警察などの仕事が遅《おそ》くて、ナメクジのような仕事をする一方、こちらのほうは速いために、こちらが忘れるころに、またゆっくりと動いてくる感じです。そういう意味では、「『遅い』ということが武器になることもあるんだな」と思っています。

これは、城攻《しろぜ》めなんかで言う「兵糧攻《ひょうろうぜ》め」でしょうか。相手がもたなくなるようにするための戦いであれば、こういう役所のような戦いもいいでしょう。「相手の根気が切れ、戦闘力《せんとうりょく》がなくなったり、怒《いか》りが引いていったりするのを待つ」というやり方ならいいかとは思います。

さて、概要《がいよう》は、今、お話しいただいたとおりですが、「五万円の運動員買収」といっても、これは、票を買う買収ではありません。

里村　はい。

大川隆法　実は、一般儀礼《いっぱんぎれい》から行くと、人に何かをお願いしたときに謝礼したりするのは当たり前の話ではあります。そうした当たり前の慣例であるにもかかわらず、「選挙期間中だけは、それをやってはならん」というようなことは、一般の人たちは知らないことでしょう。ところが、知らないことを狙って引っ掛《か》けて、やっているわけです。

里村　はい。

大川隆法　なお、その五万円を渡《わた》した相手については、私は、タレントとして認識していなかった人ですし、どういう関係で呼んだのかも知りません。また、呼んで応援演説をしてもらったのかも分かりませんし、それで本当に五万円が払われたかどうかも、こちらは全然知らないのです。

里村　はい。

大川隆法　確認のしようがないですし、警察が「茶封筒《ちゃぶうとう》を渡した」とか言っているけれども、どうしてそれが分かるのかも分かりません。

そういうものは、見えるようなところ、写真が撮《と》れるようなところで渡すようなものだとは、私には思えないのですが、「茶封筒が渡った」というわけです。

ただ、なかに何が入っていたか、それは分かりません。もしかしたら、栄養ドリンクかもしれないし、分からないですよね（笑）。

里村　（笑）

大川隆法　「本当に一万円札が入っていた」というのであれば、一万円札の番号まで控《ひか》えていただいて、当会のほうから出たのかどうか調べたいぐらいです。そこまでやらなければ、突《つ》き止められないと思うのです。

ともかく、何か知りませんが、「落とし穴を掘《ほ》っておいて、落ちるのを待っていた」ように見えなくもないのです。

さらに、「五万円の案件で四人起訴するというのは、考え方としてどうなのだろうか」という感じもあります。要するに、一般に公職選挙法違反《いはん》とか、こういう賄《わい》賂《ろ》とかいうものには、「被害者《ひがいしゃ》がいない」んですよね。こういった被害者がいない事件なので、証拠《しょうこ》は、主として自白《じはく》ぐらいしかないわけです。

つまり、自白だけで有罪にしていくやり口なのですが、長く勾留されたら、誰《だれ》だって、「そうだ」と言うことはあるでしょう。「自白したら楽になるぞ」という感じで言われて、それだけで有罪にしてしまう手口ではあるのです。

そういう意味では、憲法で言っている「刑事訴訟《けいじそしょう》手続き」としては、極《きわ》めて人権侵害《しんがい》が起きやすい領域ではあります。

それから、「一事件一勾留」で、それ以上、引っ張ってはいけないようなもの なのですが、まだまだ、芋《いも》づる式にいろいろな関係に波及《はきゅう》していくかもしれません。あるいは、別件（逮捕）風に何かしようとしているかもしれないので、やや腹のなかが読みづらいところもあるのです。

## 宗教側からの「安倍首相喚問《かんもん》」を行う

大川隆法　ちなみに、私の同級生で、司法関係に進んだ人の守護霊に、「どうなんだい？」という感じで訊いてみたところ、「まあ、法に基《もと》づいて、粛々《しゅくしゅく》と処断するしかないことではあるけれども、安倍さんから一言《ひとこと》あったかといえば、なかったとは言えない」というような言い方をしていました（笑）。それで、当会の〝捜査〟の手が、安倍首相に及ぶことになったわけです。そういうことで、いったい何を考えているのか、訊いてみたいと思います。

なお、当会のほうの政策は、安倍さんにそうとう利用されています。今も、ロシアとの交渉《こうしょう》をしているでしょう（注。本収録の三日前の二〇一六年九月二日、ロシア極東のウラジオストクで安倍首相とプーチン大統領の会談が行われた)。そういう意味では、いろいろと実現したものもあるとは思います。また、防衛問題等も、かなり使えているとは思うのです。

とにかく、腹の内がどのあたりなのかを、今回は探ってみたいと思いますが、(幸福実現党の捜査について)おそらく知っていることでしょう。やはり、こういうものは、役人だけが動くものではありません。最後に、政治家のほうで責任を持っているところがあって、そこから「やれ!」ということで、必ず、「ゴー」がかかっているはずです。

これまでに、菅官房長官と二階幹事長と(守護霊霊言を)やりましたが、いよいよ、ここを訊かなくてはいけないでしょう。はたして、表向きの言葉で逃《に》げられるかどうか。今日は、そのあたりを調べようと考えています。

向こうも、ちょうど夕方の会議で大変でしょうが、私も眠《ねむ》くなってきておりますので、「眠れる予言者」と化して、ベラベラと本音をしゃべってしまう可能性がかなり高いでしょう。もう理性が利《き》かないような気がするので、今日は、「安倍さんそのものの本音」が出てしまう可能性があるかもしれません。あまりに本音に近すぎた場合は、お許しいただきたいとは思います。

もちろん、政治家として、何重にもプロテクトしなければならない案件ではありましょう。ただ、どうも今日はだるくて、〝安倍さんそのもの〟になってしまいそうな気がするので、そのへんは、よろしくお願いします。

里村　はい、よろしくお願いします。

大川隆法　では、安倍晋三《しんぞう》総理の深層心理に深く穿《うが》ち入《い》って、その本心を探りたいと思います。

特に安倍首相の潜在《せんざい》意識のなかで、政治、法律関係に、最もかかわっておられる部分の、守護霊とも呼ばれる部分に出てきていただきまして、その本心を語っていただこうと思います。

言葉は失礼かもしれませんが、宗教側からの「安倍首相喚問《かんもん》」です。これをお受けいただきたいと思います。

（約十秒間の沈黙《ちんもく》）

## 2　幸福実現党へのいらだちを露《あら》わにする安倍首相守護霊

### 「ちいちゃい案件じゃないの」と語る安倍首相守護霊

安倍晋三守護霊　うーん。うーん。うーん。はあ。君たちも根気があるねえ。

里村　はい。安倍首相の守護霊様におかれましては、今日はありがとうございます。

安倍晋三守護霊　何回やるんだね？

里村　何回やる？

安倍晋三守護霊　ええ？　もう私、何回も呼ばれたでしょう。

里村　いや、本当に私どもとしても、このような、安倍首相の守護霊様に話を聞かないといけない機会になったということは、ある意味で残念でございます。

安倍晋三守護霊　〝ちいちゃい〟案件じゃないの。首相マターじゃないでしょう。

里村　それが、はたして本当に小さいのかどうか、それをお伺《うかが》いさせていただきたいと思います。

今、いきなり、首相のほうから、「小さい案件じゃないか」とおっしゃいましたが……。

安倍晋三守護霊　知らないよ。まあ、「五兆円ぐらいどうこうする」とか、「援助《えんじょ》する、しない」とかいうような案件だったら私に訊《き》いてくれてもいいかもしらんけど、「五万円がどうこう」いうんだったら、知らん。そんなことは知ったことじゃないよ。何、言ってんの。

綾織　よくご存じですね。

里村　よくご存じですね。

安倍晋三守護霊　ええ、今言うてたからじゃない。あんたが言ったんじゃないか。

里村　ええ。

安倍晋三守護霊　あんなの、知らないよ。

里村　しかし、安倍首相は、基本的にこの間、七月から、夏休み、あるいは、海外外遊ということで、留守《るす》がちでありました。

安倍晋三守護霊　私は忙《いそが》しいんだよね。忙しいんだからねえ。

里村　しかし、きちんと、ご認識はしていらっしゃるようです。今回、幸福実現党が、ある意味で巻き込《こ》まれた選挙違反《いはん》事件については、ご存じですか。

安倍晋三守護霊　「巻き込まれた」なんて言い方、君、しちゃいけないんだよ。君たちが起こしたんだろう?　「巻き込まれた」ってことはない。

里村　こちら側が起こしたのかどうかということを……。

安倍晋三守護霊　起こしたんだよ。私は、まったく、それを関知しないで。

里村　まあ、これは、これから、裁判等でも明らかになってくると思うんですけれども。

安倍晋三守護霊　いやあ、私だって、あんた、選挙やって、運動員が買収なんかやっちゃったらねえ、場合によっては、連座《れんざ》してくることもあるからねえ。私自身の「当選取り消し」だってあるんですから。首相だって逃《に》げられないんだから、あんたがたが逃げられるわけないじゃない。法律に基《もと》づいて、バシバシッとやるしかないんだから。

里村　首相が逃げられないかどうかは……。

安倍晋三守護霊　そらあ、首相だって逃げられませんよ。

里村　私は、「それはどうかなあ」とは思うんですけれども。

安倍晋三守護霊　ええ、そらあ、逃げられないわ。そらあねえ。「幸福実現党潰《つぶ》し」について「君らの自滅《じめつ》」と言い張る安倍首相守護霊

里村　まあ、まず、今回の案件について、今まで、菅官房長官《すがかんぼうちょうかん》の守護霊からも話をお伺いしました。

安倍晋三守護霊　ふーん。

里村　非常に強い意志でもって、「幸福実現党は、もう選挙に出るな。関与《かんよ》するな」と。あるいは……。

安倍晋三守護霊　（それに対して）「受け入れられない」って言ったんか？　アッハッハッハッハッハ（笑）。

里村　もちろん、そのときには、私どもの政党の幹事長は、「断固として戦います」と申しておりました。

さらに、その前に先立って行われたリーディングでは、麻生《あそう》財務大臣が……。

安倍晋三守護霊　そらあ、麻生さんはね、福岡《ふくおか》のことしか考えてないからね。福岡のね。

里村　はい。福岡の補選が……。

安倍晋三守護霊　ええ、（麻生氏は）選対本部長でしょ？　まあ、自発的に福岡の案件を片付けようとしてるんだろうとは思うけどねえ。

里村　なるほど。

そうすると、のっけからですけど、やはり、十月に東京と福岡で予定されている補選に絡《から》んでの「幸福実現党潰《つぶ》し」だというふうに……。

安倍晋三守護霊　そら、「潰し」っていうのは、君たちの主観だから。別に潰してるわけではない。「潰れている」わけであって。

里村　ああ、潰れていくのですね。

安倍晋三守護霊　ああ、勝手に潰れていくんで。あんまり、〝あんぽんたん〟なために、勝手に潰れていってるだけで。勝手にいろんな被害《ひがい》を大きくして、勝手に教団のほうにまで影響《えいきょう》を及《およ》ぼそうとしてるんで。君らのほうの自滅《じめつ》じゃん、ただの。

里村　ただですね、お言葉ではございますけれども、まさに、「五兆円」ではなく、「五万円」でございます。

安倍晋三守護霊　ああ、大きな金額だねえ。五万円あったらね、一家が、一カ月は食べていけるわな。

里村　まあ、それはですねえ、少し、台所感覚がお詳《くわ》しくないいんじゃないかと思うんですけれども。

安倍晋三守護霊　ああ。

里村　その五万円の案件について、今回、逮捕《たいほ》された者は、みな初犯でございまして、みんな認めているわけです。

安倍晋三守護霊　何、君？　千円超《こ》えたら逮捕できるんだよ。

里村　いや、確かにそうです。それはそうですけれども、これが問題です。法律というのはそのように……。

安倍晋三守護霊　だから、千円で逮捕できるんだからさあ、五万円あったら、五十人逮捕したって構わないわけだから。

里村　ですから、それをやってしまったら、この国は、「警察国家」になってしまいます。

安倍晋三守護霊　いや、そんな、「法治《ほうち》国家」だから。

里村　いや、それは法治国家ではありません。やはり、裁量が厳しいほうに出た場合に、どんどん微罪《びざい》逮捕するような方向に行ったら、たいへん危険な国になります。

安倍晋三守護霊　やっぱり、中国や北朝鮮《きたちょうせん》に対抗《たいこう》するためには、そのくらい厳しくないといけないんだ。

里村　まあ、今日も、習近平《しゅうきんぺい》氏と会議の予定が立てられていますから……。

安倍晋三守護霊　うーん。だから、向こうは厳しいんだ。向こうの「法治国家」の意味は、そのくらい厳しいからね。

里村　まあ、それは、あとでお伺いしたいと思うんですけれども。つまり、「このくらいの案件で、これだけやる」ということに関して、かなりの……。

安倍晋三守護霊　いや、「もっと大きな案件だったら、もっとやる」ってことだな。

里村　もっとやる？

安倍晋三守護霊　ああ。「このくらいで、このくらいやる」っていうことで、事の重大さを知らなきゃな。もっと大きな案件があったら、それは、もっと出るかもしれないわなあ。

## 安倍首相守護霊が明かす「本当の狙《ねら》い」

里村　そうしますと、幸福実現党に関しては、例えば、どれくらいやりたいと思っていらっしゃいますか。

安倍晋三守護霊　幸福実現党なんて、手足にしかすぎないじゃないっすか。

里村　手足？

安倍晋三守護霊　やっぱり、幸福の科学本体を〝縛《しば》り上げる〟ところまで行かなきゃ。

綾織　それをお考えなんですね？

安倍晋三守護霊　それは、そうでしょう。生意気《なまいき》なんだから。

里村　生意気？　どういうところが生意気ですか。

安倍晋三守護霊　だから、偉《えら》そうに、いろいろ言いすぎだ。だから、「安倍首相喚《かん》問《もん》」って何よ？　こんなんだったら、君ら、もう刑務所《けいむしょ》にぶち込んでやりたいぐらいだ、すぐ。

綾織　ああ、そういうお考えなんですね？

安倍晋三守護霊　名誉毀損《めいよきそん》じゃない、これ自体が、もうほんとね。

里村　まあ、〝最高権力者〟でいらっしゃいますのでね。

安倍晋三守護霊　君らを捕《つか》まえるなんて、もう一日で捕まえられなきゃおかしいんだよ。あんなに、タラタラと、そんな、四十日も引っ張るだなんていうのはおかしいんであって、一日でぶち込めばいいんだよ。

里村　ほおお。そうすると、もう即決《そっけつ》裁判のような感じで。

安倍晋三守護霊　当ったり前よ。もう断頭台《だんとうだい》で首落としゃあいいんだよ。

里村　しかし、四十日間も勾留《こうりゅう》というのは……。

安倍晋三守護霊　そうしないと、あんた、北朝鮮に対抗できるわけないでしょう？　向こうは、副首相の首でも斬《き》るんですからねえ。

綾織　ああ、北朝鮮に対抗したい？

安倍晋三守護霊　こんなね、下《した》っ端《ぱ》を捕まえるのに、そんなに時間かけてたんじゃや、もう、とてもじゃないけど、なめられて、バカにされて、どうしようもない。

里村　まあ、北朝鮮のほうでは、「姿勢が悪い」というだけで処分されるような幹部も出ています。

安倍晋三守護霊　それは、そうだ。

里村　そんな感じですか?

安倍晋三守護霊　いや、私だって、やってみたいよ。私が所信表明演説をやってるときに寝《ね》てるやつがいたら、しょっぴいて、首を落としたいぐらいの気持ちは私もあるけど。

まあ、できないけど、それをやれる国があるっちゅうのは、やっぱりなあ、すごいよなあ。

綾織　うーん。

安倍晋三守護霊　それができる、副首相の首を落とせるっちゅうことはなあ、「潜《せん》水艦《すいかん》からミサイルを撃《う》て」と言やあ、どこでも撃ち込むっちゅうことだろうなあ、そういう国は。

幸福の科学も幸福実現党も「要《い》らない」？

里村　やはり、幸福の科学の手足である「幸福実現党を斬りたい」ということは、幸福の科学そのものに対しても何か思うところがあるわけですね。

安倍晋三守護霊　うーん。

里村　まあ、先ほど、「生意気である」とおっしゃいましたが、幸福の科学に、どうなってほしいんですか。

安倍晋三守護霊　要《い》らないんだよ。

里村　要らない？

安倍晋三守護霊　うーん。要らない。もう、用は済んだ。分かったから、もういい。

里村「もう」というのはどういうことですか。

安倍晋三守護霊　いやあ、だから、「国防を大事にしろ」って言ったんだろう？だから、やってる。国防をやってるしさあ。

まあ、消費税だって、みんな上げることに決めてたのに、君らがワアワア言うから、聞いてやって延ばしたじゃない。もう、ほんでいいだろうが。あとほかに何があるっていうのよ？

全部実現した。だから、政党の存在は必要ないじゃないか。全部やった。

綾織　歴史問題もありますよね？　どうします？

安倍晋三守護霊　歴史問題？　やってるよ。もう、ゴリゴリやっておりますが。まあ、やっておりますよ。

綾織　国防であっても、「間に合わない」ということを私たちは言ってるわけですよね。

安倍晋三守護霊　いや、そういうふうに急《せ》かすんじゃないよ。役所は遅《おそ》いんだからさあ。

綾織　いや、それは言い訳にはならないです。

安倍晋三守護霊　まあ、その方向で全部やってんだからさあ。原発だって再稼働《かどう》するほうでやってるし、沖縄《おきなわ》だって粘《ねば》ってるんだ。

全部、言ったことをやってんだから、幸福実現党なんか要るわけねえでしょうが。

綾織　まあ、政党であれば、ある程度、分かるところもあるかもしれませんけれども、「宗教そのものが要らない」っていうのは、これはちょっと聞き捨てならないところですね。

安倍晋三守護霊　だから、こんなに政治に入れ込んで、本業をほっぽらかして、政治ばかりやってるからして。

綾織　ほったらかしてないです。

里村　ほっぽらかしてませんですよ。

安倍晋三守護霊　これはもう、潰さなきゃいかんね。

里村　いえ、「本業を、ちゃんとやりつつ」です。

安倍晋三守護霊　やってない。

綾織　宗教を潰さないといけないんですか。

安倍晋三守護霊　いや、もう、本業のお布施《ふせ》で集めた金をねえ、「安倍政権のお尻《しり》を針で突《つつ》くために使い尽《つ》くしてる」っちゅうね。この構造は許せんなあ。

里村　まあ、申し訳ございませんけど、「使い尽くす」ほど、そんなものではございません。当会のグループは、今、同時に、いろんな事業を展開してますので。

安倍晋三守護霊　そんなもんは、ダミーだろうよ。本心はそんなことは……。あのなあ、長州藩《ちょうしゅうはん》を倒《たお》そうとしてるおまえらは〝奸賊《かんぞく》〟だ。ほんまに許さんぞ。

里村　いやいや。（過去世《かこぜ》で）長州藩を立ち上げた人たちが、こちらのほうにいるんですわ。

安倍晋三守護霊　それは嘘《うそ》だ。そんなのは、みんな嘘なんで。ほんとは、過去世は犯罪人たちが、みんな生まれ変わってね、そうやって名乗ってんだよ。なあ？　きっと。

## 安倍首相は、指揮権を発動したのか

里村　事件の話に戻《もど》りたいと思います。

菅さん、あるいは、麻生さんの言葉もありましたけど、今回、司法のほうの関係者からも、「安倍総理からも、一言《ひとこと》あったんだ」というふうな話が……。

安倍晋三守護霊　そらあ、あるだろうね。一言ねえ。

まあ、「しっかりと対処するように」って、そういう励ましぐらいは、それはするだろうねえ。

里村　励まし？

安倍晋三守護霊　うーん、しっかりと対処して。まあ、法治国家としての尊厳に恥《は》じないように、しっかりと物事は対処しなくちゃいけない。徹底的《てってい》に対処しなければならないね。

里村　そうすると、やはり指揮権を発動されたわけですね。

安倍晋三守護霊　指揮権？　何が指揮権（笑）。指揮権じゃないですよ。そんなのもう、ほんのちょっと、〝挨拶《あいさつ》〟程度よ。うんうん、〝挨拶〟程度ですよ。

里村　ただ、かなり、捜査《そうさ》段階から、異常な動きをしていますよね。例えば、党本部の家宅捜索《そうさく》です……。

安倍晋三守護霊　あんなの、「党本部」と言えるようなもんじゃないじゃないですか。もう雑居ビルじゃないですか。何言ってるんですか。

里村　いや、それを言うんだったら、自民党さんの本部も、もっと……（笑）。まあ、そこは、言いませんけども。

安倍晋三守護霊　いやあ、違法な大学も入っとるしさあ。

里村　「違法な大学」というのは、どういうことなんでしょう？

安倍晋三守護霊　〝違法大学〟と〝海賊出版〟と、そんなのがいろいろゴチャゴチャ入っとるんだろう？　あれ。ほんっと。

里村　「違法」とおっしゃいますけど、そもそも、（幸福の科学大学の）大学不認可もまた、安倍政権において起きた出来事でした。

安倍晋三守護霊　だから、君らね、遵法《じゅんぽう》精神がないからね。ここんとこ、ちょっと今、正す必要があるよ。

少なくとも政治をやりたいと思うんだったら、やっぱり法律に従って、あるいは、行政の判断に従って、粛々《しゅくしゅく》と改善を進めていくことが大事だ。

選挙違反で、とっ捕まったんなら、そらあもう、処断されるのは当然で。あんたがた、私でなくて、国民のみなさまがたに謝罪して、「二度とこういう事件は起こしません」と言って、ペッコーと頭を下げなきゃいけないよ。これが仕事だ。

里村　まあ、法律の処罰《しょばつ》は、きちんと下《くだ》ってくると思います。ただ、一方で、法律の処罰を超えた範囲《はんい》で、例えば……。

安倍晋三守護霊　うん。

里村　今、総理の守護霊がおっしゃったのは、「幸福の科学は、もうやめろ」ということです。

安倍晋三守護霊　うーん。

里村　「幸福実現党」ではございませんよ。「幸福の科学の役目はもう終わった」とかいうのは、法治国家でも何でもありません。完全に行きすぎた判断だと思うんです。

安倍晋三守護霊　別に行きすぎてないですよ。私も還暦《かんれき》を過ぎて、本当に沈思熟考《ちんしじゅっこう》して、やっていますので、そんなに無謀《むぼう》な判断をしたりはしてませんよ。

里村　でも、今回の出来事は、（安倍首相の）外遊中とか、夏休み中とか、そういうことはありましたけれども、家宅捜索などに関しては、「やりすぎじゃないか」「異例だ」、あるいは、「首相官邸《かんてい》からの圧力だ」といった言葉が、マスコミのほうからも出てきております。

安倍晋三守護霊　いや、そんなの聞いたことないね。一度も聞いたことない。君が、そう言って回ってるんでしょ？　君が言ってるんでしょ？

里村　いや、総理が大嫌《だいきら》いな「日刊ゲンダイ」が、ちゃんと、「安倍政権が幸福実現党潰しをやってる」と。

安倍晋三守護霊　いやいや、「日刊ゲンダイ」は、〝安倍政権潰し〟をやってるところだからね。君らが、そこにまた賄賂《わいろ》を渡《わた》してるんだったら、もう一回調べなきゃいけないから。

里村　ええ？　そうですか？

安倍晋三守護霊　賄賂を撒《ま》いてんじゃないのか。

里村　とんでもないです。

安倍晋三守護霊　十万円ぐらいで買収できるかもしれない。

里村　いやいや、安倍政権が（マスコミなどから）指摘《してき》されるところがあるのであれば、やはり、指摘を受けなければいけないと思うんです。

安倍晋三守護霊　うーん。

# 3　公然と「宗教弾圧《だんあつ》」への意志を語る

## 幸福実現党を「子供の政党」と評する

里村　そもそも、なぜ今回、この夏に、要するに、参院選があったあとに、この動きは激しくなったんですか。

安倍晋三守護霊　まあ、東北では、（自民党の候補者が）あんな、ギリギリでいっぱい落ちてさあ（注。「参院選では、幸福実現党の候補者に保守票が流れたために、一人区の四選挙区で自民党の候補者が落選した」という主旨《しゅし》の報道が、二〇一六年七月十二日付「産経新聞」等でなされた）。だから、わしは、「勝った」といったって全然うれしくない状況《じょうきょう》が、ちょっとあったから。

里村　はい。

安倍晋三守護霊　だから、君ら、何を思いついてねえ、あんなにいっぱい（候補者を）立てるんだよ、いろいろと。自民党の票を減らしたいだけじゃないか？　保守の票だったら、割れるに決まってるじゃないか。

取るんなら、民進党の票を取りに行けよ。それなら分かるが。だから、〝SEALDs《シールズ》2《ツー》〟とかつくって、あちらの票を取りに行けよ。それなら分かるよ。

里村　ほお。

綾織　参院選の構図として、「野党共闘《きょうとう》」というのが固まっていました。やはり、「この構図のなかで、幸福実現党の位置づけが非常に大きくなった」という認識を持たれているわけですね。

安倍晋三守護霊　まあ、「位置づけが」って、こんな無謀《むぼう》なところ、ほかにないからさあ。だから、「野党連合 対 自民・公明」の戦いをやってるから、もうどっちかに決まってるんだから、結論は。通るのは。

そこでさあ、関係もないのに（あなたがたが）割り込《こ》んできて、やりまくるから。なんか、「魏《ぎ》」と「呉《ご》」がぶつかってるときにちっちゃい「蜀《しょく》」がグルグル振《ふ》り回してるような、あんな感じにちょっと近いですから、早めに小さいうちにこれを潰《つぶ》しとかないと。大きくなったら、「三国志《さんごくし》の時代」になるでしょうが。

綾織　いや、「政治参加」は認められていますので、それを「出るな」と言うのは、おかしいですよね。

安倍晋三守護霊　いや、（選挙に）出るべきでないよ。だって、憲法改正をしたいんだろう？　じゃあ、出るべきじゃないじゃないか。（自民党のほうを）「応援《おうえん》すべき」だろうが。

綾織　自民党が「憲法改正」を訴《うった》えていればいいですよ。訴えていないですからね。つまり、憲法改正を訴える政党が、存在しなければならないということですよね？

安倍晋三守護霊　いやあ、「以心伝心《いしんでんしん》の国」なので、訴えてるんですよ、腹のなかで。

里村　いや、「以心伝心」とおっしゃいますけれども、問題は、憲法改正の中身ですよね。

そこに関しても、われわれとは考え方が違《ちが》うところもありますし。

安倍晋三守護霊　だから、君らは、もう、〝子供の政党〟なんだからさあ。もうちょっと大人になって、稲田《いなだ》（朋美《ともみ》防衛大臣）さんみたいに、八月十五日に涙《なみだ》を流しながらアフリカに行かなきゃいけない。そういうのが〝大人の政治家〟だっていうことを悟《さと》るまでは、君らは永遠に受からないんだよ。

里村　やっぱり、総理のほうから、稲田さんのほうに、今回は……。

安倍晋三守護霊　いやあ、それは、岸田《きしだ》君（外務大臣）でしょう。それは、岸田君からでしょうけどね。

「とにかく、いるな」と。「八月十五日は日本にいるな」ということだから。まあ、「防衛省に関係するところに、どっか行ってろ」ということだよな。

だから、稲田の単独行動が、例えば、九月四日の、中国が主催《しゅさい》するところのG20に、日本が出られるかどうかにも影響《えいきょう》するからね、下手《へた》したらね。でしょう？　その内容にまで影響するでしょう？

だからさあ、うるさい邪魔《じゃま》くさいことはもう終わって、それは消さないといけないから。なかでさえ、そういうふうに自由にならないんだからさあ。ましてや外部にいる君たちがさあ、君たちの自由意志でねえ、全部、物事ができるなんて思ったら、とんでもない間違いなんですよ。

## 「自由」に関する屈折《くっせつ》した考え

綾織　外部の人にも、「自由意志はない」んですか。

安倍晋三守護霊　（自由意志は）ないですよ。私たちにもないんだからさあ。首相自身だって自由意志がないのに、あなたがたにあってたまるか！

綾織　それだったら、「国民全員に自由意志がない状態」になってしまうじゃないですか。

安倍晋三守護霊　ないよ。ないよ。

綾織　あっ、ないんですか（苦笑）。

安倍晋三守護霊　ないよ。だから、「結果」に引きずられるわけよ。結果がどうなるかによって、判断は逆に……。

だから、それ（結果）から基《もと》づいて、逆算して判断が出る。「自分の自由意志で行動した結果がこうなる」んじゃなくて、「結果がこうなるんだったら、こういうふうにしなきゃいけない」ということで、それに則《のっと》ってみんな動かなきゃいけなくなるのよ。これが民主主義政治の姿なんだから、しょうがないでしょう。

**綾織**　それが「民主主義政治」ですか（苦笑）。それでは、安倍政権の下《もと》では、「自由意志を持てない」ということになりますけどね。

**安倍晋三守護霊**　いやあ、そんなことないですよ。「国民の多数の支持を取れるような動きを、代表者としてしなきゃいけない」っていうだけのことですから。

**里村**　いや、総理がそういう立場なのは分かります。しかし、総理を支持しない国民もいます。

あるいは、憲法改正なら憲法改正で、大きな方向としては、同じような方向を見ているかもしれませんし、とが、安倍政権の下で何かかもしれません。しかし、個々の稲田大臣のアフリカ訪問もそうですが、「そういう部分の政治が、日本を駄目《だめ》にしている」という考えもあります。やはり、こういう考えを持っている人たちが政治参加をする自由は保障されるのか……。

安倍晋三守護霊　いやあ、「意見は言ってもいい」と思っていますよ。だからねえ、私の中道《ちゅうどう》的な率直《そっちょく》な意見を述べさせていただけば、「幸福実現党はもう要《い》らない」。もうこれは使命が終わった。

里村　使命が終わった？　実現党は？

安倍晋三守護霊　だけど、大川さんが「政治発言して、政治思想を世の中に提言したい。個人として言いたい。評論家みたいに、言いたい。長谷川慶太郎《はせがわけいたろう》さんや渡部昇一《わたなべしょういち》さんみたいに言いたい」っていうことは、われわれの国防とか外交に対する後《あと》押《お》しになる場合もあるから。

里村　はい。

安倍晋三守護霊　それを採用することによって、いい政治ができる場合もあるから。外れていると思うやつは取らずに、「これはいいかもしらん」と思うやつをつまみながら政治をすることも、自民党でできるわけだから。

やはり、すべて物事には使命があって、終わりがあるんだから、君たちは、もう「その終わりが来たんだ」ということを知るべきで。

里村　今のお話で、私は、幾《いく》つかの点で引っ掛《か》かるところがありました。

そもそも、憲法二十一条には、「表現の自由」「言論の自由」がありますけれども、「結社の自由」というものもございます。そうなると、「言いたいことは言っていい。

しかし、結社はするな」というのは憲法違反《いはん》の考え方です。

安倍晋三守護霊　そんなことないよ。私にだって、「表現の自由」はないんだから。あんたがたにだけあると思ったら……。

里村　いや、なぜ、表現の自由がないんですか。

安倍晋三守護霊　それは、あなたねえ、責任ある立場にいるからでしょう。責任ある立場にいる人は、「表現の自由」がないんだよ。

里村　申し訳ございませんが、それは、自分で抑《おさ》えられているわけです。つまり、損得で。

安倍晋三守護霊　そんなことはないよ。「公人」だからだよ。当たり前じゃない。「私人」は自由ですよ、言うことは。その代わり、相手から反発を受けたり殴《なぐ》られたり、名誉毀損《めいよきそん》で訴えられることもありますよ。

里村　うん。

安倍晋三守護霊　だけど、公人に関しては、なかなかそういうものは基本的にはないんだよ。

だから、君らねえ、政治を目指してるんならねえ、そんなねえ、言いたいことだけを言えるだけで済むと思ってるなら、甘《あま》いよ。

里村　いえ、公人がですね、自分の好き嫌《きら》いだとか、そういうことを言うことには、いろんな問題があるかもしれません。しかし、「善か悪か」、「正義か不正か」、こういう問題に関しては、やはり発言されるべきです。

## 「宗教法人課税強化」をちらつかせる

安倍晋三守護霊　いや、君らは、ほんとは考える頭を何にも持ってないでしょう。だから、教祖が降ろしたお題目《だいもく》どおり、言うてるだけやんか。

里村　ちょっと待ってください。「考える頭はないだろう」と言っている、その政党の公約を〝パクッている〟のはどちらですか！

安倍晋三守護霊　ええ？　何が？

里村　「考える力がないだろう」とおっしゃっている政党のマニフェストを〝パクッている〟のは、どっちなのでしょうか。

安倍晋三守護霊　いやあ、私はせっかく減税のほうに走ろうとしているのにさあ、君らは、「宗教法人課税強化」をしたくなるような、こういう誘惑《ゆうわく》に駆《か》られるようなことを言わないでくれよ！

里村　おお……。

綾織　それを、お考えですね？

安倍晋三守護霊　今の国会の数を見りゃねえ、どんな法律だって私たちは通せるぐらい分からないの？

里村　いや、しかし、それはどうなんでしょう？

安倍晋三守護霊　憲法改正が要らないで、やれるんだよ?

里村　連立を組まれている公明党さんは、それをどう……。

安倍晋三守護霊　いやあ、だから、与党《よとう》に参加してるところは外せばいいわけでしょう?

里村　そんなことが、法律で可能になると思われてますか。

安倍晋三守護霊　いやあ、私たちもいよいよ、君らが言うように価値判断を加えなきゃいけないから。「よい宗教」、「悪い宗教」と決めて、政界を混乱に落とすようなところは「悪い宗教」ということで。そういうところに対しては、やっぱり、アメリカみたいに、宗教が政治に全面的に出てきたら保護措置《そち》を〝打ち切る〟っていうのは、あってもいいからね。だから、それは、「特定認定」すりゃあ、いいわけで。そのあたり、もう、公安あたりにマークさせて、調べさせて、情報を集めて、裁判所に送って、裁判官が、「はい、解散」って言えば、それはそうなるからさ。だけど、与党を組んでるようなところは、そんなのにはならないでしょうねえ、連立与党は。

里村　そこまで考えられているわけですね。

安倍晋三守護霊　そんな、「法律」なんていうのは、君らねえ、われわれは、粘土《ねんど》をこねるように自由につくれるんだから。

里村　いや、そうなんですよ。だから、怖《こわ》いんです。

安倍晋三守護霊　うん。

里村　だから、政治家、あるいは、為政者《いせいしゃ》というものの心が、常に正しい方向を見ていないと駄目なんですよ。

宗教を叩《たた》き、不況《ふきょう》に対する政権批判のガス抜《ぬ》きをしようとしている

里村　先ほどのお言葉に戻《もど》ります。

そうすると、いろいろと、例えば、お金のことなどを調べたりして、「宗教解散命令」とか、あるいは、もっと大きな枠《わく》で、「宗教法人課税」とかも考えていらっしゃるわけですか。

安倍晋三守護霊　まあ、それは、〝脅《おど》し〟としては何段階かあるわなあ。

里村　ああ。「やるぞ」と?

安倍晋三守護霊　麻生《あそう》（副総理　兼《けん》　財務大臣）なんかは、「それで脅すのがいちばんだ」と言ってるけどね。

綾織　ああ、そうですか。

安倍晋三守護霊　キリスト教なんか、金は大して儲《もう》かってないからねえ、まあ、〝ピーピー〟だから、どうしようもねえけど。採算がギリギリのところや赤字のところは、もう取りようがないからね。

だけど、資金が潤沢《じゅんたく》なところもあるらしいじゃないですか。ねえ?　それも、週刊誌や雑誌に書かれてるらしいじゃないですか。やっぱり、そういうところに民意は向かってくるよなあ。〝非課税の特権〟を受けながら、金をたっぷり貯《た》めて……。

綾織　特権ではなくて、「税金を取る対象ではない」ということです。

安倍晋三守護霊　政治で落選ばっかりしてやってる人たちがいっぱいいる。偉《えら》くもない人たちがいっぱい立候補して、落ちて落ちてやって、道楽《どうらく》に励《はげ》んどるところがあるらしい、と。

里村　道楽？

安倍晋三守護霊　やっぱり、あそこはテコ入れして、ガサ入れして、そのへんの資金の流れを解明せにゃねえ。余分な金が集まってるようなら、それは課税を強化するなり、もし違法行為で金を集めてるんなら、解散命令を出すなり。

綾織　なるほど。

安倍晋三守護霊　それは民意でしょうね。それをやったら、拍手喝采《はくしゅかっさい》で、〝マスコミの餌食《えじき》〟になって、民意がそれについて動けば。まあ、要するに、「幸福の科学が〝坊主丸儲け《ぼうずまるもう》〟しとった」ということで、今の不況《ふきょう》に対する政権批判の〝ガス抜《ぬ》き〟ができるじゃないの。

里村　ガス抜き?

安倍晋三守護霊　ああ。そのあと（教団を）解散なんかしたらいい。

「国家権力が入れないところなんか、どこにもありませんよ」

綾織　（幸福実現党本部の）家宅捜索《そうさく》をした狙《ねら》いというのは、そこにあるわけですね？

安倍晋三守護霊　いや、家宅捜索なんて、君らが言うように重要な問題でなくて、こんなのは、将棋《しょうぎ》の駒《こま》で言やあ、「歩《ふ》」を一つ突《つ》いた程度のことなんだからさあ。

綾織　そこから分かることがあるわけですよね？　いろいろなことが。

安倍晋三守護霊　いやあ、宗教だったら、「十字架《じゅうじか》に架かる」ぐらいまで行かないと。騒《さわ》ぐなよ。

綾織　ほう。十字架にかける？

里村　（幸福実現党本部への）家宅捜索というのは、聖域《せいいき》を侵《おか》しているんです。

安倍晋三守護霊　「聖域」ったって、君ね、おんぼろビルを買っただけじゃないか。何を……。

里村　とんでもないです。ビル、建物ではありません。中身です。「宗教施設《しせつ》」なんです。

綾織　そこに国家権力が入ってくるというのは、そうとう慎重《しんちょう》な考え方を取らないとできないことですよ。

安倍晋三守護霊　国家権力が入れないところなんか、どこもありませんよ。全部入れますよ。

里村　はあ……。そういう……。

安倍晋三守護霊　国家権力っていうのは、「聖域がないようにする」んですよ。

里村　まさに、戦前の特高《とっこう》（特別高等警察）のイメージがあります。

安倍晋三守護霊　特高かどうか知らんけども、税務署と警察と検察っていうのは、あらゆる聖域を全部剝《は》がして入っていくんですから。

## 「神様に勝ち、創造主になった」と語る安倍首相守護霊

綾織　それでも、憲法にも刑法《けいほう》にも税法にも、「宗教は尊重するのだ」という考え方が入っていますからね。それを踏《ふ》みにじっていますよ。

安倍晋三守護霊　いや、私らは、「憲法さえ変える権力」を今、手に入れようとしてるわけですからね。だから、君らの言うことは、まったく通らないんでね。

里村　ですから、われわれ……。

安倍晋三守護霊　神様にも仏様にも勝ったのよ、われわれは。

綾織　神様にも勝った?

安倍晋三守護霊　「主権在民」っていってねえ、今、ピープルに権力がある時代なの。神様は、とっくに〝死刑〟になってるのよ。大昔に、何百年も前になってて。

今は、ピープルの過半数を得た者が正義で、ピープルの三分の二を超《こ》えた者は、もう創造主のように、粘土をこねるように、世の中、何でもつくれるようになってるの。分かる?

綾織　今、安倍首相がその「創造主」の立場にいらっしゃる?

安倍晋三守護霊　まあ、いわばそういうところだね。「創造主」だね。

綾織　ほう。

「天皇陛下《へいか》の生前退位《せいぜんたいい》」へのかかわりを否定する安倍首相守護霊

里村　先般《せんぱん》、菅《すが》（義偉官房長官《よしひでかんぼうちょうかん》）さんの守護霊は、「安倍首相が元首《げんしゅ》なのだ」というようなことをおっしゃっていました（前掲《ぜんけい》『菅官房長官の守護霊に訊《き》く　幸福実現党〝国策捜査〟の真相』参照）。

安倍晋三守護霊　まあ、「元首」とは言わないが、「元首に近い」もんだろうねえ。

綾織　なるほど。
そういうお考えですと、おそらく……。

安倍晋三守護霊　「大統領型の首相」を目指してることは事実だがな。それは本当のことだ。

綾織　天皇陛下《へいか》も、そのあたりを非常に嫌《いや》がっておられるのは伝わってきます。

安倍晋三守護霊　いやあ、あの君らの本（『今上《きんじょう》天皇の「生前退位《せいぜんたいい》」報道の真意を探《さぐ》る』（幸福の科学出版刊））はねえ、あれは嫌がらせですよ。

里村　いや……（笑）。

綾織　霊的《れいてき》に探究しているだけですので。

安倍晋三守護霊　私たちの票を減らそうとしてるようにしか思えない。

報道では知りえない陛下の御心が明らかに。
『今上天皇の「生前退位」報道の真意を探る』
（幸福の科学出版刊）

里村　いえいえ。

安倍晋三守護霊　天皇陛下は、何にも意思表示してないんだから。「辞《や》めたい」と言ってるだけなんで。別に、「何のために」とは一言《ひとこと》も言っていないんだからね。「年を取った」と言ってるだけだ。

綾織　いえ、お気持ちの表明のなかでも、「象徴《しょうちょう》天皇であるべきだ。これが大切なのだ」というようにおっしゃっていましたので、「安倍さんのお考えとは違う」というのは、よく分かります。

安倍晋三守護霊　いや、別に、私が嫌いで辞めるなんて一言も言っていないじゃないの。だから、そんなの憶測《おくそく》だよ。君らのは〝憶測記事〟であって……。

綾織　安倍さんのスタンスについては、問題意識は持っておられると思います。

安倍晋三守護霊　「週刊現代」、いやいや、「日刊ゲンダイ」のほうのレベルだよなあ、君らが言ってるのは。

## 支持率六十パーセントで、なぜ「ガス抜《ぬ》き」が必要なのか

里村　先ほど、「ガス抜《ぬ》き」という言葉が出てきました。

安倍晋三守護霊　それは常套《じょうとう》手段だよなあ。

里村　ちょっと待ってください。今、だいたい各種マスコミの世論《せろん》調査で、総理の支持率は六十パーセントぐらいと出ているんですが、「支持率が六十パーセントあ

ってもガス抜きが必要だ」ということは、「どこか、うまくいっていない」、あるいは、「心配なところがある」ということではないですか？

安倍晋三守護霊　アベノミクスのところがな……。まあ、「ゼロパーセント成長」のところを責めてきてるからね。どっかで、金が儲かっとるところを叩《たた》くことによって、国民の意識をそちらに向けることはできるわなあ。

「宗教法人が税金を払《はら》っていないために、税収が足りなくて、国民は増税で苦しんでいる」というふうに思えばな。宗教法人のところを丸裸《まるはだか》にしていけばね、まあ、特に今、アマゾンで〝坊主宅急便〟かなんか知らんけど、そういうのをやって、とうとう本性《ほんしょう》が現れてきたじゃないか。なあ？

里村　どういう本性なのか、ちょっとよく分からないですけれどもね（苦笑）。

安倍晋三守護霊　宅配便と同じだったら、普通《ふつう》の営利事業じゃないか。

里村　それをやるところもありますが、残念ながら、それはある意味で……。

安倍晋三守護霊　そういうところから「課税漏《も》れ」がそうとう出てるからね。

里村　いや、だから、それは無霊魂《むれいこん》説に立った日本仏教のなれの果てなんです。

安倍晋三守護霊　君らは、だからねえ、失敗したんだよ。「藪《やぶ》を突《つつ》いて蛇《へび》を出す」みたいなことをやっちゃったわけよ。

里村　ほお。

安倍晋三守護霊　要するに、「五万円で逮捕《たいほ》したのがけしからん」とか言うて怒《おこ》ってるうちに、「宗教法人課税強化」の案を出してこられたわけで、君ら、これは「藪蛇《やぶへび》」だよ。

里村　そこが問題なんです。「五万円で、初犯」というならばそれなりの、普通の対応があってしかるべきところを……。

安倍晋三守護霊　初犯も何もないよ。犯罪は犯罪として、処断しなきゃ。

## 4　安倍政権の本質は「中国寄り」なのか？

### 「改憲勢力の維持《いじ》」に躍起《やっき》になっている？

里村　私たちも、こういったことを「危機管理案件」などといいますが、今回は、総理にとっても、そうなったのではないですか。

安倍晋三守護霊　うん？

里村　総理や首相官邸《かんてい》にとっても、「危機管理案件」になったのではないでしょうか。

安倍晋三守護霊　いやあ、今、われわれにとっては、「三分の二の改憲勢力を維持《いじ》できるかどうか」っていうことが、超《ちょう》重要な問題だからね。

里村　はい。

安倍晋三守護霊　それに対してゲリラ的な活動をして崩《くず》そうとするようなところに対しては、国家権力を挙げて見張らなきゃいかんわねえ。

綾織　それは、次の衆院選を意識されているんですか。

安倍晋三守護霊　うん。それも、もちろん意識はしてるけどね。だけど、今の予想では、このままでは、おそらくは、まあ、四六《よんろく》（四月〜六月）もゼロパーセントだったが、今年の後半も「ゼロ成長」か「マイナス成長」の可能性が極《きわ》めて高いので。

里村　ええ。

安倍晋三守護霊　今、海外との取引の〝あれ〟をちょっと考えてはいるけど、海外投資したからって急に成長したりしないからね。そらあ、将来、実を結ぶことはあるかもしらんけど、急速に成長することは、今のところありはしないのでね。

それをギャアギャアギャア主張してる君たちのところをひとつ叩《たた》いておいたほうが……、まあ、〝蛇《へび》の頭〟を叩いておいたほうがいいんじゃないかと。

綾織　それで「生贄《いけにえ》にする」ということなんでしょうけれども、まずは、ご自身の経済政策を根本的に変えていくということをやらないといけないですよね。

## 幸福実現党を〝手土産《てみやげ》〟にして中国に〝朝貢《ちょうこう》〟する理由とは

安倍晋三守護霊　今、中国が主催国《しゅさいこく》になってG20をやってるわけよ。

里村　はい。

安倍晋三守護霊　これで成功させてね、中国と対話できないところを、もう一回、対話ができるようなところまで引き戻《もど》してやれば、けっこう政治的な実績になって、左翼《さよく》を切り崩せるんですよね。左翼勢力の増長を止《と》められるんだよ。そのためには、〝手土産《てみやげ》〟が要《い》るでしょ？

だから、手土産っていうのは、まあ、中国のほうは、「幸福実現党っていうのが（中国の）悪口を言い続けてる」っていうのをよく知ってるからさあ。これをひとつ手土産として……。

綾織　ほお。中国に対するお土産なんですか。

安倍晋三守護霊　〝亀《かめ》〟を一匹《いっぴき》ひっ捕《と》らえて連れていって、「これは手土産です。実はスッポンです。このスッポンを鍋《なべ》に入れて、スッポン鍋をつくって食べたら、精力がつきますよ」って言ったら、中国だって喜ぶじゃないですか。

里村　ああ。

安倍晋三守護霊　向こうの諜報《ちょうほう》班は、日本にいっぱいいますから、即座《そくざ》に伝わりますからね。

綾織　それは、「朝貢《ちょうこう》」ですよね？

安倍晋三守護霊　ええ？　今日の夕方、中国と、あと二十カ国での会議があるから、その朝に、君らを「逮捕《たいほ》した」とかいうのが出たら……。

綾織　ほお。それに合わせている？（苦笑）

安倍晋三守護霊　中国は、「（手を三回叩きながら）よかった。ああ、よかった、よかった」と……。

里村　「起訴《きそ》」ですけれどもね。

安倍晋三守護霊　ああ、「君ら四人を起訴できた」って言ったら、中国のほうは、「安倍政権は、中国寄りの政策を取ろうとしてるんだな」というふうに……。

綾織　ほお。中国向けのアピール？

安倍晋三守護霊　政治的には、そういうふうに解釈《かいしゃく》するわけよ。政治的には。

里村　「習近平《しゅうきんぺい》氏へのお土産」ですか。

安倍晋三守護霊　お土産です。君ら、手土産なんだよ。（里村を指して）ついでに君も行かないかい？

里村　いや、確かに手回し、ようございますね。

安倍晋三守護霊　君も、ちょっと入ったらどうだ。

里村　いやいやいや（笑）。

安倍晋三守護霊　ええ？　広報担当の局長あたりも、とっ捕《つか》まえたほうがいいんだけど。

里村　まあ、悪いことをしたら、それはしょうがないかもしれませんが……。

安倍晋三守護霊　明日《あした》、ちょっと考えるわ。君は上司としての監督《かんとく》責任があったからねえ。

里村　なるほど。

安倍晋三守護霊　捕まえられる。指導者責任がある。

里村　まあ、私は堂々と主張させていただきますけれども。

安倍晋三守護霊　捕まえられるかもしらん。

里村　今晩、予定されている日中首脳会談の手土産という部分もあったのですね？

安倍晋三守護霊　向こうは諜報組織を持ってますからねえ。よく君らの日ごろの主張……。まあ、安倍政権なんかは、靖国参拝《やすくにさんぱい》でさえ避《さ》けるぐらいの気配りをしながら臨《のぞ》んでるのに、君らは、世間《せけん》を何にも見ないし、国際世論《せろん》にもまったく反応しないで勝手なことを延々とやり続けていますからねえ。それはねえ、手土産が必要だね。

里村　ほお。

## 安倍首相は「やるべきこと」を実現できているのか

綾織　そうなってくると、安倍政権なり自民党なりが、だんだん民進党とあまり変わらなくなってきているんですけれども。

安倍晋三守護霊　いやいや。そういうふうに、民進党のように一部見せつつ、実際、やるべきときには、本心、やるべきことでズバッとやる。

綾織　ほう。「やるべきこと」が全然、見えてこないんですけれども。

安倍晋三守護霊　だからね、戦いにはね、「剣《けん》」と「盾《たて》」が要るわけですよ。

里村　はい。

安倍晋三守護霊　やりたいこととしては、剣で突《つ》き刺《さ》すことがやりたいんだけど、その前に、盾で受けるべきところは受けなきゃいけないわけで。

そういう野党からの攻撃《こうげき》や、中国とか北朝鮮《きたちょうせん》とか、その他、韓国《かんこく》とか、外国の攻撃のところを受ける「盾」の部分が要るよね。

里村　ええ。

安倍晋三守護霊　「盾」の部分はどうかというと、彼らを軟化《なんか》させるようなことを少しやって、〝アメの部分〟で少し軟化させておいて、必要なときには、まあ、「数的にも時期的にも、今、いける」っていうなら、ブスッと刺すと。

綾織　「刺す」ところは何ですか。

安倍晋三守護霊　えっ？　何が？

綾織　何を考えられているんですか。

安倍晋三守護霊　だから、それは「国防の実現」だし、「憲法改正」だし、まあ、そういうところだよね。

綾織　ああ、それはお考えなんですね。

安倍晋三守護霊　うん。それは考えてる。

そのためにはねえ、「大《だい》の虫を生かす」ためには、君たちみたいな「小《しょう》の虫を殺す」ことは、しかたがないことだよ。

**綾織**　しかし、その「盾」の部分で、あらゆることに妥協《だきょう》していって、結局は、本当にやりたいことまで侵食《しんしょく》されている印象がありますね。

**安倍晋三守護霊**　いや、やりたいことは着々とやってるかもしれないよ。

**里村**　いや、先ほど、「相手が軟化する」とおっしゃいましたけれども、今日、時あたかも、この起訴の日に、北朝鮮が動きました。こういうときは、いつもそうなのですが、今日はミサイルを三発発射したわけです（注。二〇一六年九月五日の正午過ぎ、北朝鮮は弾道《だんどう》ミサイルを三発発射し、いずれも日本の排他《はいた》的経済水域（EEZ）内に落下した）。

安倍晋三守護霊　だから、喜んだんでしょう、向こうは。北朝鮮も喜んだんだ。

綾織　北朝鮮にも〝お土産〟なんですか。

安倍晋三守護霊　「ありがとう、安倍さん。ありがとう」って撃《う》ったんだな。

幸福実現党の家宅捜索《そうさく》は、公明党への〝手土産《てみやげ》〟なのか

里村　まあ、幕末にも、幕府が、日本を憂《うれ》う志士を何人も殺したという時代がありましたけれども、同じような穴にはまっているのではないかと思います。

安倍晋三守護霊　ううーん……。

いや、今は、とにかく打開しなきゃいけないわけだ。憲法改正がまだできない段

階でねえ、わが国の防衛と安全を護《まも》らないといかんから。「北朝鮮や中国を、どう懐柔《かいじゅう》するか」っていうこと、まあ、両手、「懐柔策」と、「なかを硬派《こうは》に変えていって、戦える国にしていく」のと、同時にやらなきゃいけないわけだから。戦える国にしてきているところが見えないように、なるべくやっていかなきゃいけないわけで。懐柔するほうは、相手に分からせるようにやる。

綾織　「懐柔する」ほうばかりが目につくんですけれども、「憲法改正」自体は、どういうプランでやろうとされていますか。まあ、任期を延ばしてやるんでしょうけれども。

安倍晋三守護霊　まだ、単独でやれないからね。公明党のブレーキもありえるし、あと、「ほかの保守的な考えを持ってるところも数えた上で、できるか」っていう段階だから、これではちょっとまだ足りないんで。

やっぱり、公明党がはっきりと自民党と結束を組んでやるには、公明党にも〝手《て》土産《みやげ》〟がちょっと要るだろう。

里村　あっ、そうすると、公明党への〝手土産〟が今回の……。

安倍晋三守護霊　それはそうでしょう。君らの党を家宅捜索《そうさく》したりしたら、万々歳《ばんばんざい》してますから。「やっぱり、そんなもんだろうね。私らのところなんかには入《はい》れるはずもないけれども、幸福実現党ぐらいには、五万円程度で入れるんだ」と。

里村　それだけ幸福実現党の存在感が大きくなっているという……。

安倍晋三守護霊　まあ、そういう見方もあるけれども、「同業者が潰《つぶ》れるところを見ると、うれしい」っていうのは、やっぱりあるでしょう。

# 5　参院選大勝の裏で、実は追《つ》い詰められている安倍政権

## 不快感を示せば、側近がやるべきことをやってくれる

綾織　今までの話だと、幸福実現党関係の事件については、「安倍首相がいちばんの発信源である」という理解になるんですが。

安倍晋三守護霊　いや、そんなことはない。私はそんなこと……。だから、私は、「目標を達成する」ということを常に言うとるだけで。「その目標を達成するためにはどうしたらいいか」ということを、一生懸命《いっしょうけんめい》お膳立《ぜんだ》てしてくれるのが、側近たちでしょう？

綾織　ただ、その意向は安倍首相としても、「これがいい。幸福実現党については、こうやるべきだ」ということを示されていたわけですよね？

安倍晋三守護霊　まあ、「五万円で逮捕《たいほ》しろ」みたいなことを具体的に言うわけがないでしょう。

綾織　細《こま》かいところはそうなのかもしれませんけれども、「選挙の前から、ちゃんと調べるように」とか、「選挙活動をチェックするように」とか……。

安倍晋三守護霊　いやあ、それは、東北とかで（選挙に）何人か落ちたのを見て不快感を示しておけば、みんなやるべきことは分かってるんだから、それで。

綾織　ああ、不快感ですか。

里村　実際に、何人かのマスコミの方から、安倍総理がものすごく激怒《げきど》されたという話も聞いています。

安倍晋三守護霊　それもあるし、都知事選であんな〝ボロ負け〟したのも不快だからね。

里村　いや、幸福実現党は何も関係ないではないですか。

安倍晋三守護霊　いやあ、分からん。それは分からん。小池《こいけ》（百合子《ゆりこ》）のところが、あれは〝臭《くさ》い〟からね。

里村　今回、この案件で結局、公判請求《せいきゅう》がなされて、先ほど話していた、十月の東京と福岡《ふくおか》のダブル補選のタイミングと、ちょうど重なります。

安倍晋三守護霊　そうだろうね。

里村　「そうだろうね」と……（笑）。

安倍晋三守護霊　まあ、普通《ふつう》の人が考えれば、そうなるね。で、あとはマスコミにどれだけ上手に報道させるかだろうね。

里村　ただ、幸福実現党は、この補選に関して、どんどん挑戦《ちょうせん》していこうとしています。もちろん、補選に限りませんけれども……。

安倍晋三守護霊　だから、その前にねえ（笑）、「有罪」とか、ニュースで流されたら、それは難しいだろうねえ。

里村　まあ、それはどうでしょうかね。これがどの程度、ニュースに流れるかどうかも分かりませんよ。

安倍晋三守護霊　いやあ、それは流すように、気働きしてる人もいるだろうよ。なあ？

里村　たいていの案件は、公判になると、その段階でだんだんと水面下に入っていきますので、はたして、そういう効果があるかどうかは分かりませんけれども。

## 幸福実現党の選挙違反《いはん》で左翼《さよく》票の取り込《こ》みも狙《ねら》っている？

里村　そうすると、補選に対する牽制《けんせい》効果もあったわけですか。

安倍晋三守護霊　いや、自民党だって、去年あたりからだいぶ逮捕者は出たし、今年の初めにも出た。大臣までねえ？　そういうところまでやられたんだからさあ、イメージ悪いよ。大臣経験者も、何人も選挙違反《いはん》とか、いろいろやられてんだからさあ。

だから、別に〝フェア〟にやってるんじゃない。君らがクリーンな政党を目指してＰＲしてたけど、「なんだ。やっぱり、（選挙違反を）やってるんか」ということで、自民党のほうを、「臭い、臭い」と言ってたやつが、みんな忘れてくるようになるからさあ。

里村　いや、公選法（公職選挙法）の細々《こまごま》とした規定に関して、全部、熟知している政治関係者はいませんよ。

安倍晋三守護霊　うーん。それはそうだ。

里村　なぜかというと、基本的に、公選法というのは、「（選挙に）出るな。出るなら、これだけは守れ」というもので、日本のほかの法律のように、「自由が原則だけれども、『やるな』という部分がある」というものと、全然、逆なんですよ。

安倍晋三守護霊　うーん。

里村　そして、今まで、公選法は全部、基本的には、いわゆる政権与党《よとう》に有利に働くように改正されたりしてきました。

安倍晋三守護霊　そうだよ。落選者が逮捕されるようになってるんだよ、基本的には。

里村　また、こんなことを言うと極端《きょくたん》ですけれども、例えば、「検察などは、自民党の選挙違反の揉《も》み消しを失敗したら飛ばされる」というような噂《うわさ》も出ています。

安倍晋三守護霊　うん。

里村　まあ、「噂」というよりも、「事実」でしょうけれども。

安倍晋三守護霊　でも、それは、一般《いっぱん》社会にもあるのと同じようなことでしょ?　それは、一般社会でも同じでしょうからね。

里村　そうすると、やはり、今回は、「参議院選挙の痛手《いたで》、あるいは、東京都知事選の痛手、また、これから予想される補選、そして、衆院選に向けて、なるべくガス抜《ぬ》きをやると同時に、うるさくなってきた幸福実現党の手足をもいでしまいたい」と。

安倍晋三守護霊　それで、左翼《さよく》のほうの票を、もう少し取り込《こ》みたいところだよねえ。

里村　はあ。

安倍晋三守護霊　だから、君らも、やっぱり、「要注意団体」としてマークしなければいけないし、学生団体でよく左翼に使われていた「SEALDs《シールズ》（自由と民主主義のための学生緊急《きんきゅう》行動）」のようなところも解散したけれども、今後、国家公安委員会から保護観察されるような団体として、ウオッチされることになるからね。まあ、〝左〟にも〝右〟にも、ちゃんと目は届いとるんだよ。ちゃんとね。

## 国内の経済は「もう、どうにもならない」と考えている!?

綾織　次の選挙（衆院選）を考えたときに、民進党は、おそらく蓮舫《れんほう》さんが新しい代表になってきて、若い執行部《しっこうぶ》を並べてくる可能性は非常に大きいですよね。

そうなると、見た目からして、「古い政党 対 新しい政党」というような戦いの構図ができてきます。このあたりについては、何か思われるところはあるのでしょうか。

安倍晋三守護霊　まあ、選挙は難しいからね。それは分からないけど、今のところ、六十パー前後の支持率はあるから。これだけあれば、まだまだ政権は安定しているので。危ないのは二十パーセントを切ったら、もう、それは危ないけど、まだ余力はあるので。「よっぽど変なことをしないかぎりは大丈夫《だいじょうぶ》だ」とは思ってるけど。

まだ経済対策がうまいことといかないのでねえ。

綾織　そうですね。

安倍晋三守護霊　何かで「奇跡《きせき》的な風」が吹《ふ》かせられるように。例えば、中国との関係が急速に改善したり、あるいは、ロシアとの関係が急速改善して経済拡大するようなことができれば、よくなることはある。

綾織　「経済の話」というのは、全部、対外的なものなんですね？

安倍晋三守護霊　ああ。

綾織　全部、外の話なんですね。

安倍晋三守護霊　いや、国内は、もうほとんど無理だからねえ。

綾織　あっ、無理なんですか（苦笑）。

安倍晋三守護霊　もう、どうにもならないわ。

綾織　ほお。

安倍晋三守護霊　ええ。どうにもならねえや。

里村　はあ。

綾織　それは、もう、アベノミクス自体を、ご自身が「駄目《だめ》だ」とおっしゃっているのと同じですね。

安倍晋三守護霊　いやあ、「金を使え」って、一生懸命、言ってるんだけど、国民が財布《さいふ》の紐《ひも》を締《し》めて使わないし……。

綾織　そうですねえ。

安倍晋三守護霊　もう、タンスのなかに隠《かく》して、出てこないんだから。これは、「マイナンバー制度で、全部、財産をつかんで、あれしたろう」としても、君たちが反対するだろう？

だから、「NO《ノー》！ NO！ マイナンバー」とかいった（楽曲を歌った幸福実現党の）トクマとか……。

里村　はい（笑）。

安倍晋三守護霊　あんなの、もうとっ捕《つか》まえて刑務所《けいむしょ》に放り込みたいぐらいだ、本当にねえ。あんな「ロック」っていうのは、基本的に破壊《はかい》だからね、もう本当に。

ええ？

## 6　〝安倍幕府〟による独裁政治が始まる

### 安倍首相守護霊が、今、考えている「国家の目的」とは

綾織　おそらく、国民としては、安倍政権の下《もと》、いろいろなかたちで不自由を感じているんだと思うんですよね。

安倍晋三守護霊　しかたないでしょう。今、国家丸ごと、国体を変えて、巨大《きょだい》な覇《は》権《けん》国家と立ち向かおうとしているわけだから。やっぱり、もうそれは、「戦前と同じ状態が来る」のはしかたがないでしょう。

綾織　ああ、戦前と同じ。

里村　ええっ？

安倍晋三守護霊　やっぱり、国民の自由を縛《しば》ってでも、国家の目的を遂行《すいこう》しなきゃいけない。

里村　その「国家の目的」というのは何ですか？

安倍晋三守護霊　いやあ、だから、「日本の国家の安泰《あんたい》」だね。この「美しい国」を護《まも》るために、やっぱり、やるべきことをやらねばならん。

里村　そのために……。

安倍晋三守護霊　不平不満分子は口を封《ふう》じて、捕《つか》まえて減らす。

里村　ほお!?

安倍晋三守護霊　そして、協力者を増やして「大政翼賛会《たいせいよくさんかい》」体制をつくる。マスコミは全部、〝提灯持ち《ちょうちん》〟に変える。そして、国論を一つにまとめて国体を変えていく。そういうことが大事だわな。

里村　それは、「自由で民主主義の国」と言えるのでしょうか。

安倍晋三守護霊　もう、それこそ、「自由」と「民主主義」なんじゃないですか。

里村　今のお言葉のなかには、「自由」も「民主主義」も、どこにもなかったように思えるのですけれども。

安倍晋三守護霊　いやあ、それは、自由……。いや、「国民は、由《よ》らしむべし知らしむべからず」でねえ、もう深く知る必要はないんだよ。

里村　それは……。

安倍晋三守護霊　ただ、政権を信頼《しんらい》すればいいわけよ。

いちおう、皇室も「国体を変えていく対象」に入っている!?

綾織　先ほど、「国体を変えていく」とおっしゃいましたけれども、どのように国体を変えていくのですか。

安倍晋三守護霊　だから、「私の目指してるものの阻害《そがい》要因になるようなものは、基本的には排除《はいじょ》していく」ということだなあ。

綾織　それは、天皇陛下《へいか》まで含《ふく》まれてしまう感じがしますね。

安倍晋三守護霊　うん、いちおうは皇室も対象には入ってるよなあ。いちおうねえ。

綾織　対象に入っている？

里村　ええーっ⁉

安倍晋三守護霊　うーん。いちおうねえ、マスコミには出ないけれども、やはり、（皇室も）意見は持ってるからねえ。持ってはいるだろうから。それが、いろいろと漏《も》れてくるからねえ。
やっぱり、少し舛添《ますぞえ》さん（舛添要一《よういち》・前東京都知事）の海外出張費が高すぎて、あれだけ文句《もんく》を言われて失脚《しっきゃく》するぐらいだったら、「天皇家の経費とか、活動とかが適切かどうか」、疑問に思ってる人はたくさんいますからねえ。国民の総意に基《もと》づいてないんだったら、それは、ちょっと考え直してもらわなきゃいかん部分もないわけじゃないよなあ。

綾織　ほう。

里村　それは、聞きようによっては、たいへん不忠《ふちゅう》な言葉にも聞こえるんですけれども。

安倍晋三守護霊　うん？　まあ、「不忠」といったって、別に、私は国民から選ばれてるけれども、「国民の総意に基づく天皇陛下の象徴《しょうちょう》としての地位」といっても、総意かどうか、一度も国民投票をしたことはないからね。

**里村**　ただ、「総理大臣は国民から選ばれている」といっても、自民党のなかでの力関係で選ばれているわけですから。

**安倍晋三守護霊**　まあ、九十パーセントとはなかなか行かないだろうけど、何とか八十パーセントぐらいの支持まで取らないと、憲法体制を変えて、国体を新しいほうに向けるのはなかなか難しいので。そのためには、やはり、多少なりとも、そういう異端《いたん》分子等に、「収容所」に入ってもらわないといかんこともあるわなあ。

**綾織**　ええ？　待ってください。天皇陛下の立場を何か変えてしまうんですか？

安倍晋三守護霊　ええ？　何が？　いやあ、皇室が存続するためには、やっぱり、安倍政権の方向を推進するようなお言葉を述べたり、そう見えるような活動をしていただくように努力してもらわないといけないですねえ。

綾織　確かに、今上《きんじょう》天皇の、今年（二〇一六年）の八月十五日の終戦の日のお言葉（東京の日本武道館《ぶどうかん》における「全国戦没者追悼式《せんぼつしゃついとうしき》」でのお言葉）でも、安倍首相とは、何となく違《ちが》う雰囲気《ふんいき》がありましたしね。

安倍晋三守護霊　「反戦・平和」は、ちょっと左翼っぽく聞こえることはあるわねえ。だから、やっぱり、お言葉としてはねえ、「未来永劫《えいごう》、この国の国民が護られますように。国家の平和・安泰が護られますように」と、ちゃんと言ってくれるようなねえ。まあ、そういう、内閣の助言は多少必要だわね。

## 今、目指しているのは「終身制」としての〝安倍幕府〟

里村　今のお言葉を幾《いく》つか聞いていまして、私の心に浮《う》かんだのは、今、「自民党の総裁任期の延長論」を、二階俊博《にかいとしひろ》幹事長が唱《とな》えられていることです。そして、それを高村正彦《こうむらまさひこ》副総裁などが進めようとしていますけれども、「三期九年続けられる」というだけでは、とてもものたりませんよね？

安倍晋三守護霊　やっぱり、プーチンとちゃんとした交渉《こうしょう》ができるためには、できるだけ時間は持っておきたいし、習近平《しゅうきんぺい》だって、十年では納得《なっとく》しないで、もっと行くかもしれないからねえ。排除しまくってるし。

綾織　そうですね。

安倍晋三守護霊　金正恩《キムジョンウン》は殺されないかぎりは、やってる。「殺されるか、糖尿病《とうにょうびょう》で死ぬか」しないかぎりは、たぶん終身制だから。こういうところを相手にしてるからねえ。

だから、まあ、ある意味での、うーん……、何だろうねえ。やっぱり〝幕府〟として「終身制」を目指さなければ……。

綾織　「終身制」？

安倍晋三守護霊　うーん。

里村　「終身制」を目指されますか。

安倍晋三守護霊　やっぱり、「〝安倍幕府〟を開く」ということをやらなきゃいかんだろうなあ。

里村　ほおお……、なるほど。

安倍晋三守護霊　だから、天皇はいてもいいけどね。あれは信任状を出すだけだからね。

里村　はい。

安倍晋三守護霊　もう、言うことをきかなかった場合は、ちゃんと経費を削《けず》ればいいわけだから。まあ、皇室の諸経費を、「今、財政赤字ですので」と言って削れば、言うことをきくようになるから。

里村　あぁー。そうすると、自民党だとかどうだとかではなくて、〝安倍幕府〟の創設？

安倍晋三守護霊　〝安倍幕府〟ですね、今、目指してるのはねえ。

里村　ああ、それが目指すもの？

安倍晋三守護霊　まあ、私の祖父（岸信介《きしのぶすけ》元首相）あたりはその先駆《さきが》けで、露払《つゆはら》いをやってくれたので。いよいよ、「〝安倍幕府〟が生まれるときが来たかな」と思ってます。

里村　いや、それは、岸さんが聞かれたらどう思うかは分かりません（笑）。「そのための露払い」とは思っていらっしゃらないかもしれませんが。

安倍晋三守護霊　まあ、露払いでしょう。

里村　分かりませんけれども。

安倍晋三守護霊　いや、実績から見たら、私のほうが優秀《ゆうしゅう》なことは、もう明らかですからね。

里村　はあぁ……。

「世界の独裁者の常識」を学ばなくてはいけない？

綾織　まあ、ちょっと、そこは分かりませんけれども。そのお考えがあるから、やはり、後継者《こうけいしゃ》となりそうな人が、どんどんいなくなってしまっているわけですね。

安倍晋三守護霊　それは、要《い》りませんよ。私の養子にしてもいいような人だったら、後継者になってもいいですけどね。

里村　本当に、「芽を潰《つぶ》す」というところに関しては、今回はうまくやっていらっしゃるなあと、ある意味で感心して見ているのですけれども。

安倍晋三守護霊　いやあ、これはねえ、やっぱり、「世間《せけん》の常識」でもあるし、「世界の独裁者たちの常識」でもあることだから。

綾織　「独裁者の常識」ですね。

安倍晋三守護霊　「世界の独裁者たちがやってることを学んでいない」ということ

は、やっぱり、「語るに落ちたり」じゃないですか。みんながちゃんとやってることを、少しまねしないとね。

いや、だから、日本は、プーチンみたいに、「大統領をやって、任期が切れたら首相をやって、またもう一回大統領になる」っていう奇策《きさく》を使って、やれるような国ではなかったはずだけども、ああいう奇策を通してでもやれるぐらいのマスコミ統制もかけなきゃいけない時期が来てるんでね。

里村　それは、「今、共産主義国家から民主主義国に変わる」という過程にあるロシアなら分からないでもないですけれども、この議会制民主主義を敷《し》いている日本において、「事実上の〝安倍幕府〟を樹立する」という考え方というのは、どういうところから出ているのですか。ずっと、やるのですか？

安倍晋三守護霊　そらあ、やっぱり、この国が危機にさらされているからね。まあ、ある意味での「鎖国《さこく》」かもしれないし、ある意味では「完璧《かんぺき》な国防」かもしれないし、とにかくね、「この美しい国を維持《いじ》する」っていうことが大事なことだね。

里村　その「美しい国」というのは、「私が統《す》べる国が美しい」ということに……。

安倍晋三守護霊　うーん……、いやあ、この日本的精神を生かしたい。

天変地異が多いのは「怪《あや》しい邪神《じゃしん》」のせい？

安倍晋三守護霊　しかし、君ら、何だかねえ、天変地異が多いなあ。

里村　そうなんです。

安倍晋三守護霊　これは、何か、ちょっと「怪《あや》しい邪神《じゃしん》」っていうのが、今、日本にはびこってるんじゃないかねえ。

里村　いや……。

安倍晋三守護霊　邪神がはびこってるんだよ、これ。邪神はちょっと一掃《いっそう》しなきゃいかんね。

綾織　日本の神様による「警告」がなされているわけです。

安倍晋三守護霊　何か、台風はいっぱい来るしさあ。四個も五個も来るしさあ。噴《ふん》火《か》はするしさあ。おっかしいよ。神様が統べている国で、そんなことがたくさん起きるのはおかしいから、これは、今、邪神が住み着いて、はびこってるというような……。

里村　まあ、憚《はばか》りながら申し上げますが（苦笑）、総理、あるいは安倍政権が〝そちらの立場〟に立たれているのではないでしょうか。

安倍晋三守護霊　そんなことはないでしょう。君たちが、勝手にいろいろ画策《かくさく》して、今、邪神を甦《よみがえ》らせてるんじゃないか。

里村　何を「画策した」とおっしゃるのですか。

安倍晋三守護霊　君らは、「噴火した」とか、「風水害だ」とか、「台風だ」とか、もう、「みんな神様・仏様の力だ」みたいに言ってるじゃないの。いや、そんなのを起こしてるやつは、みんな邪神に決まってるじゃない。

里村　いやいや、それは……。

安倍晋三守護霊　だから、君らが邪神を、〝磁石《じしゃく》〟になって呼び寄せてるんじゃないの？

里村　いえいえ。それは、「政治が呼び寄せている。それに対して謙虚《けんきょ》であらねばならない」というのが、古来からの日本の「美しい心のあり方」です。

「近代以降、神は実質上、死滅《しめつ》した」？

安倍晋三守護霊　だけど、君らねえ、あのへんの、何て言うの？　まあ、阪神《はんしん》・淡《あわ》路大震災《じだいしんさい》があって、あれでまた、あなた、かわいそうな東北の人たちのために、あんな大津波《おおつなみ》と地震を起こして、それでも飽《あ》き足らずに、阿蘇山《あそさん》を噴火させたり、桜《さくら》島《じま》を噴火させたり、広島の風水害を起こしたり、台風が来なかった北海道に三発も当てたり、もう、やりたい放題のように見えるじゃないか。こんな神様は信じられないんで、これはもう、日本が、エホバの神みたいな邪神に乗っ取られてるとしか思えないよ。

里村　いや、違います。

安倍晋三守護霊　うん?

里村　ご政道が間違っているんです。

安倍晋三守護霊　そんなことはないよ。

里村　ありていに言って、総理の姿勢のなかに……。

安倍晋三守護霊　いやあ、六十パーセント、六十二パーセントという支持率のある私が間違ってるっていうのはなあ、「国民主権が間違ってる」っていうのと一緒《いっしょ》だから。

里村　いや、そこは多数決ではないんです。ある意味で、酔《よ》わせている、あるいは〝イリュージョン〟で、そのように酔っている人もいるかもしれません。

安倍晋三守護霊　ああ、もう、近代以降、カント以降は、神様は実質上、〝死滅《しめつ》〟してるんであって、そういう邪神ばっかりが次から次へと出てくるから、「とにかく神様は取っ払って、国民の多数で決める」ということで決まったわけよ。だから、国民の多数が〝神様の代わり〟なのよ。「神の声」なんだよ。

だから、君らはねえ、票が入らないんだから、神様じゃないんだよ。

今回の参院選の結果に対しては「腹が立っている」

里村　「君らには票が入らない」とおっしゃいますが、そういう幸福実現党に負けたのが、この間の参議院選挙だったと。

安倍晋三守護霊　別に負けてないよ。勝ってるじゃん。私らは大勝したけども、私は完全主義者だから、「完全に勝つまでには行ってない」と。

綾織　完全主義者なんですか。

安倍晋三守護霊　うん。完全主義者なんで。

綾織　はああ……。

安倍晋三守護霊　まあ、一般的《いっぱん》には、「自民党は勝った」と言われているけれども、満足してないから、ちょっと腹が立っているわけよ。

里村　確かに、そういう報道は一部ありました。

安倍晋三守護霊　それで、負けた部分もあるし、都知事選でも恥《はじ》をかいてるし、これで補選でも恥をかいたりしたら、やっぱり、爆発《ばくはつ》するわねえ。

里村　やはり、「誰《だれ》かのせい」という〝生贄《いけにえ》〟、スケープゴートが必要だったわけですね。

安倍晋三守護霊　それは必要だ。

里村　はああ。政治というのは、そういうものなんですね？

安倍晋三守護霊　うーん、そうなんですよ。君らも、やがて分かるから。

# 7　幸福実現党をまだ利用しようとする安倍首相守護霊

## 「幸福実現党本部の家宅捜索《そうさく》」の理由を明かす安倍首相守護霊

里村　そうすると、今までもそういうかたちで、ある意味、ライバルになりそうな人を潰《つぶ》してきたようなところがあり、これもまた、政治力学だと……。

安倍晋三守護霊　だから、君らも適当な人事をして、もう、いろいろ、ぐちゃぐちゃとやってるけども、本来、この、「各選挙区全部に（候補者を）立てる」という意思表示をしたのは、おたくの党首なのか、幹事長なのか、ほんとはこのあたりまで捜査《そうさ》としてはっきり調べたかったんで。誰《だれ》の指示で……。

綾織　それを捜査で調べるんですね。

安倍晋三守護霊　うんうん。君、そのために家宅捜索してるんだから。

里村・綾織　ほおお。

安倍晋三守護霊　これが幹事長の指示で決まってるんだったら、幹事長を〝縛《しば》り首〟にしなきゃいけない、あれだからねえ。

綾織　なるほど。

里村　ほおお。

安倍晋三守護霊　そんなの、「実力を知れ」っていうんだ。「全部落ちるのが決まってて、全部に出す」っていうのは、これ、よっぽどの考えがあってのことだろうから。ええ？　「うち（自民党）の票をそれだけ減らしたい」っていう考えがあってのことだろうからさあ。

「宗教選挙」ってのはねえ、公明党と一緒《いっしょ》で、もう、立候補した人は全部当選する読みをしてやるもんなんだよ。だから、君らはそれ、まったく破壊《はかい》してるんだよ。

里村　いや、それを出すのであれば、選挙協力として、別に、幸福実現党が候補者を立てるところを、その分、自民党さんが応援《おうえん》してくださればいいんですよ。

安倍晋三守護霊　君らは言うことをきかないじゃないの。

里村　いえいえ。

安倍晋三守護霊　協力なんて、話し合いができるようなとき……。

里村　「なぜ言うことをきかない」という……。

安倍晋三守護霊　みんなはゾンビみたいになって、もう、洗脳されて、ただただ動いてるだけだから。どうしようもない。

里村　「言うことをきかない」というところが、あれですか。

安倍晋三守護霊　きかないよ。生意気《なまいき》じゃん。

里村　まあ、冒頭《ぼうとう》にも「生意気」と……。

安倍晋三守護霊　うーん、生意気で、言うことをきかないじゃない。

## 北朝鮮《きたちょうせん》のミサイル発射に対する安倍首相の対応

里村　かつて、二〇〇〇年代の初頭には、自民党の方も応援させていただきました。推薦《すいせん》もさせていただいて……。

安倍晋三守護霊　過去の話なんか、いくら聞いたってしょうがないよ。今が大事なんだからさあ。

里村　いや、ですから、私どもも、その歴史を経《へ》て、自民党さんのほうが言うことをきいてくれないと。

安倍晋三守護霊　なんで、きかなきゃいけないわけよ？　うちはもう、いつも、全国から陳情《ちんじょう》を受けてるわけですから、百頼《たの》まれて、一つ二つできりゃ、いいほうですから。

里村　いや、幸福の科学からは、別に、自分たちの私利私欲のためではなく、「日本のために」ということで、いろいろな提言をさせていただきました。

安倍晋三守護霊　うーん。

里村　ところが、そこが全然受け入れられず、逆に、宗教を利用しようとするわけです。まあ、自民党のみなさんが全員そうだとは言いません。ですが、それが非常に強かったのです。そうしたなか、北朝鮮《きたちょうせん》がミサイル発射を始めたと。

安倍晋三守護霊　うーん。だから、大川さんが、「ミサイル発射して、核《かく》実験までやっている以上、夜間にドローンで核サイトを攻撃《こうげき》したって、これは正当防衛の範《はん》囲《い》じゃないか」とかおっしゃってるから（『緊急・守護霊インタビュー　台湾新総統　蔡英文の未来戦略』〔幸福の科学出版刊〕あとがき参照）、防衛省限りで、そういうことは、もう調査して進めてますよ。

里村　ほう。

安倍晋三守護霊　イスラエルの技術を導入して、ドローンをやれば、アメリカの十分の一の値段でやれるし、高性能のドローンをつくれば、一人も死ぬことなく、北朝鮮の核ミサイルや、あるいは、そういう移動式のミサイルへの攻撃ができるようになるわなあ。

防衛省はそれで動いてるんだから。そういうことを、私たちは黙認《もくにん》してやらせているわけだからさあ、君らの意見を聞いていないわけじゃないんだ。ちゃんと聞いてやっとるんだからさあ、感謝しろよ。

里村　いや、感謝……（苦笑）。

安倍晋三守護霊　ええ？　君らにはそういう権力はないんだから。

## ロシアとの外交に関しては「困っている」

里村　ただ、この八月を見ても、北朝鮮がミサイルを何発も撃《う》ちましたし、中国は法律を変えて、毎日のように、尖閣《せんかく》周辺に堂々と漁船を二百、三百と並べてくるようになってきています。

安倍晋三守護霊　うーん。

里村　こうしたことを見ますと、どんどん悪化しているわけです。総理の守護霊様は、主に経済政策のガス抜きとして、幸福実現党叩《たた》きを図《はか》ったかのようにおっしゃっていますが、それだけではなくて、実は、「外交のほうで思ったほどポイントが上がっていない」というところのガス抜きもあるのではないでしょうか。

安倍晋三守護霊　うーん、だから、ロシアに関しても、君らが言ってるから、いちおう交渉《こうしょう》してるけど、プーチンがなかなか上手《うわて》なので、焦《あせ》ると、「経済協力だけ取られて、平和条約だけ結んで、領土はまったく返ってこない」みたいなこともありえるので。ここは、焦ってるけど、ちょっと足元を見られてるからさあ。困ってるんだよ。

早く実績をあげないと、支持率が下がるからさあ。支持率を上げ続けなきゃいけないんだけど、ここだって、下手《へた》したら、「土地は返らず、金だけ騙《だま》し取られた」っていうふうになるし、そうなったら、これもまた、損になるからさあ。

里村　そうですね。ですから、幸福実現党に聞いていただければ、〝食い逃《に》げ〟されないための策はいくらでもあります。

安倍晋三守護霊　そんなことはないでしょう。君らみたいな素人《しろうと》に、そんな力があるわけないですよ。

里村　いえいえいえ。もともと、今回のロシアとの接近に関して、ウクライナ、クリミア問題があったときから進言、提言していたのは、こちらですから。

安倍晋三守護霊　いやあ、まあ、もちろん、君らが言ってたから、オバマちゃんの、あのー……。

里村　オバマちゃん……（苦笑）。

安倍晋三守護霊　依頼《いらい》を二回も断ってまで、今、ロシアと平和条約を結ぶ方向でやってるんだからさあ。ちゃんと聞く耳は持ってんだから、感謝しろよ。「安倍さんは偉《えら》い」って言って持ち上げなきゃ駄目《だめ》じゃないか。

綾織　いえ、いいところは評価していますよ。

安倍晋三守護霊　ちゃんとしろよ、もっともっと。

綾織　いえいえ、そこは分けていますので。

安倍晋三守護霊　悪口ばっかり言って。

幸福実現党を「共産党より悪質」と評する安倍首相守護霊

里村　また、もう一つ言わせていただくと、私どもは、今まで、〝倒閣《とうかく》運動〟というのはやっていません。

安倍晋三守護霊　毎日、〝倒閣運動〟をやってるじゃない。

里村　いえいえ、それは是々非々《ぜぜひひ》でやっているんです。

安倍晋三守護霊　そんなことない。こんな五万円の（買収）事件で、「政権を倒《たお》そう」みたいなことをするのは、共産党より悪質だよ。

里村　いえいえ。

安倍晋三守護霊　共産党だって、こんな弾圧《だんあつ》はもう当たり前のことなんで。もう何十年も慣れきってるから、何とも思ってないよ。

里村　まあ、共産党と一緒にしていただきたくはないんですけれども。

安倍晋三守護霊　共産党より悪いんだよ。

綾織　（苦笑）いえいえ。

安倍晋三守護霊　共産党でも、そのくらいは慣れてるんだから。

里村　「共産党より悪い」なんて、そんなことを自民党の総裁が言ってはいけないでしょう。

安倍晋三守護霊　ええ？　何？　共産党だって、五万円（の買収）で逮捕《たいほ》されたぐらいで、「国策捜査だ」って言って暴《あば》れたりしないですよ。そんなのは、もう、いつもやられてるから、彼らは。

里村　いえ、ですから、「四十日の勾留《こうりゅう》」のところを言っているんですよ。

安倍晋三守護霊　何言ってるの。「尊い税金で、ご飯《はん》を出してくれて、雨露《あまつゆ》をしのげるところに入れられた」っていうのは、もう、ありがたいことじゃないですか。

「プーチンをどう口説《くど》き落としたらいいか、秘策を教えてくれ」

里村　先ほどのロシアの件ですけれども、今年の十二月に、プーチン大統領を〝長《ちょう》州《しゅう》〟、つまり山口に呼ぶと……。

安倍晋三守護霊　これについて、もう一回、もう一つ、「秘策」を教えてくれよ。〝長州〟で、どうやって、あれを〝口説《くど》き落としたらいいか〟分からねえんだからさ。

里村　（苦笑）そう思います。

安倍晋三守護霊　ちょっと、〝ウルトラC《シー》〟が必要なんだけど、君らが敵対してくるようになったら、それが駄目になっちゃうから。ええ？　だから、ちゃんと分かって……、ちゃんと陣《じん》を引いて、策だけを献上《けんじょう》する。それが大事なことよ。

里村　はあ。

安倍晋三守護霊　「孫子《そんし》の兵法」で、戦わずして勝つ。これは、もうねえ、「兵を引いて、策だけを出す」。そしたら、君らは勝つことになる。勝って、負けることはない。

## 「安倍政権に対する高評価」を求める安倍首相守護霊

綾織　結局、「経済政策でも外交でも、十分に実績が出なくて、非常に厳しい状態に置かれている。だから、幸福実現党という〝生贄《いけにえ》〟が欲《ほ》しかった」ということですか。

安倍晋三守護霊　これから先は分からないのに、「任期は九年まで延長する」と言ってくれとるから、何か応《こた》えなきゃいかんじゃないか。

里村　いや、それはまさに、どんどんどんどん、そういう待望論が出るようにされているんです。

安倍晋三守護霊　「安倍待望論」を、やっぱり出さないといかん。君らが尊敬する渡部昇一《わたなべしょういち》先生とか、あんなような人はみんな、「百点満点だ」って言ってくれてるんだから、それにちゃんと追随《ついずい》しろよ。ねえ?

里村　はああ。

安倍晋三守護霊　先駆者《せんくしゃ》に対して敬意を払《はら》いなさいよ。安倍政権は百点満点なんだから。

里村　いや、逆に言うと、私どもがそういう気持ちになれるように振《ふ》る舞《ま》っていただければいいんですけれども。

安倍晋三守護霊　自民党に刃《やいば》を向けた小池《こいけ》（百合子《ゆりこ》）でさえ、「九十点だ」って言ってるんだよ。ねえ？

君らは、「安倍政権は三十点だ」とか、ひどいことを言ってるんだからさあ（『吉《よし》田松陰《だしょういん》は安倍政権をどう見ているか』〔幸福実現党刊〕参照）、もうちょっと反省の色がないと駄目だよ。

綾織　そのように言いたいところではあるんですけれども……。

安倍晋三守護霊　小賢《こざか》しいんだよ。

## 〝空洞《くうどう》政党〟は「自民党」と「幸福実現党」のどちらなのか

綾織　今までの安倍首相の守護霊のお話をお伺《うかが》いしていて思ったことは、安倍政権の時代は、もしかしたらそれでいいのかもしれないけれども、「そのあとは、もう、何もない」ということです。

後継者《こうけいしゃ》もいませんし、ご自分が、中国のためにいろいろな妥協《だきょう》をしていったところで、そのあとはどうなるのでしょうか。

安倍晋三守護霊　いや、それは君たちのほうだよ。もう、君らの政策を、わしが全部やってしまったからさあ。

綾織　全部はしていませんよ（苦笑）。

安倍晋三守護霊　あと、政党としては何にもすることがなくなって、ガラガラ、ガラガラ、もう（幸福実現党は）〝空洞《くうどう》政党〟になっちゃった。完全に。

綾織　全然やっていないですよ。「逆」のこともそうとうやっていますし。

安倍晋三守護霊　全部やっちゃったんだ。

綾織　いやいや、やっていたら、はるかにうまくいっています。

安倍晋三守護霊　君らの政策なんか、全部やっちゃったんだ。もう終わったんだよ。

# 8 「宗教とマスコミへの弾圧《だんあつ》」を明言する安倍首相守護霊

## 「最高権力者として歴史に名前を遺《のこ》したい」

里村　一部には、「安倍安楽死政権」という言葉も、すでに出ている状態です。さらに、今は「安倍さんの任期が終わったあとは、中国に日本をあげるだけ」というような方向に向いているところもあります。

安倍晋三守護霊　うーん、まあ、そんなことを言う人もいるのかねえ。私はそんなふうに思ってないけど、「そういうふうに言って、相手を油断させる」っていうのも、兵法の一つだからね。うん。兵法の一つだから。

里村　今日のお話をお伺《うかが》いしていて、一つ、私が「あっ、違《ちが》うんだな」と思ったのは、自民党政権ではなくて、「安倍政権の存続」、あるいは、それを〝幕府〟とおっしゃいましたけれども、ここが主眼《しゅがん》だということです。

安倍晋三守護霊　うん。〝安倍幕府〟だよ。だからねえ、私は、やっぱり、そうだなあ、うーん、「最高権力者として、歴史に名前を遺したい気持ち」が、今、もたげてきたからねえ。

里村　はあぁ。もたげてきた？

安倍晋三守護霊　うーん。だから、オバマさんみたいな感じで、退潮《たいちょう》して消えていきたくはないなあ。

里村　ほう。

安倍晋三守護霊　やっぱり、二千七百年の歴史のなかで、「安倍晋三《しんぞう》」というのがそそり立つ。巨人《きょじん》としてねえ。

## 安倍首相が目指す〝安倍幕府〟の構想とは

綾織　「名を遺す業績」というのは、何ですか。

安倍晋三守護霊　やっぱり、〝幕府を開く〟ことだろうなあ。

綾織　それは、どうなんでしょう。国民にとって幸せなのですか。

安倍晋三守護霊　それは、もちろん幸せです。

綾織　国民にとってプラスであれば、いいと思いますけれども、今、お伺いしている感じでは……。

安倍晋三守護霊　それが「革命」なんでしょう。

綾織　革命を起こす？

安倍晋三守護霊　いや、私は、ある意味の「革命政権」なんで。君らがやってるのは「革命」じゃなくて、「ゲリラ」だから。

私は、今、「革命政権」をつくろうとしてるわけだ。「安倍革命」。

里村　その、〝安倍幕府〟の下《もと》においては、例えば、「多数の政党による民主主義」

というものの存続は許されるのですか。

安倍晋三守護霊　うーん、まあ、ほかの政党も少しはあるかもしらんけど、基本的には、北朝鮮《きたちょうせん》や中国に負けない政権でなきゃいけないからね、うん。

里村　それは、一党独裁というか、幕府の……。

安倍晋三守護霊　まあ、基本的には、それは「一党独裁」だろうねえ。

綾織　ほう。

## 公明党・創価学会《そうかがっかい》に対し、「いずれ使い捨て」と開き直る

里村　どうして、そのような考え方になられたのですか。

安倍晋三守護霊　いや、幸福実現党をいじめることで、公明党からの支持はガーンと高まるけれども、高まりつつも、彼らは、「自分たちもやられるときの怖《こわ》さ」を、やっぱり感じるわけだから、もっともっと、これを洗脳することができる。

〝池田御本尊《いけだごほんぞん》〟が何を言おうと、「安倍首相の言うことをきかないと、解党の危機、あるいは、創価学会消滅《そうかがっかいしょうめつ》の危機が来るかもしれない」と思って、みんな追随《ついずい》してくる。

だから、君らをいじめることによって、「君らに言うことをきかせるだけじゃなくて、公明党にも言うことをきかすことができる」んだよ。

里村　なるほど。単なる公明党に対する手土産《てみやげ》ではなくて……。

安倍晋三守護霊　だから、一石二鳥《いっせきにちょう》なんだよ、実を言うとな。

里村　手土産ではなくて、一罰百戒《いちばつひゃっかい》というか、一種の「見せしめ」？

安倍晋三守護霊　そうそうそうそう。公明党を自由に動かせるところを見せれば、中国の王毅《おうき》外相とか、そういうところから見てもだねえ、「なかなか安倍は力があるんだ」というようなことがよく分かるわねえ。

里村　おお、おお。

これは仮の話ですけれども、公明党・創価学会は、名誉《めいよ》会長の「X《エックス》デー」のあとも、安倍さんにとっては使いでのいい政党、組織でしょうか。

安倍晋三守護霊　まあ、こんなものは〝使い捨て〟だから、いずれ……。

里村　使い捨て?

安倍晋三守護霊　うーん。だから、〝数合わせのため〟だけ。数が足りなければ使うし、数が十分なら捨てる。まあ、それだけのことだから。

それまでの間だけ、向こうも避難《ひなん》してるんでしょう? 軒下《のきした》を借りて雨宿《あまやど》りしてるだけだから。野党に出たら自民党から攻撃《こうげき》されて、痛い目に遭《あ》ったから、今、雨宿りに来てるだけだ。協力する範囲《はんい》内ではそれを使ってやるけども、要らなくなっ……たら、それは捨てますよ。当たり前でしょう。

里村　はあああ!

安倍晋三守護霊　それはそうですよ。うん。

里村　ものすごいマキャベリズムでいらっしゃいますね。

安倍晋三守護霊　いやあ、でも、少なくとも、(公明党は)君らよりはねえ、言ってることは少ないですよ(笑)。主張が単純でいいです。

里村　まあ、そもそも、考えがないのかもしれませんが。

安倍晋三守護霊　ちょっとしか、少ししか言わないから。いやあ、「対中国協調」は言ってるけどね。その程度か、「環境権《かんきょう》」を言って、学会員の支持を取ろうとしてる。まあ、その程度だよ。

里村　はい。

安倍晋三守護霊　憲法改正してもいいけど、「環境権」というのを通せば、「われらによる力なんだ、改憲ができたんだ」みたいなことが言える。このあたりの名誉が欲《ほ》しいだけでしょ？　まあ、かわいいもんですからねえ。

里村　ただ、それによって、結局、外交問題はけっこう足を引っ張られて、本来なら安倍さんがやりたかった成果をあげられていないという結果になってきています。

安倍晋三守護霊　いやあ、でも、そんなことはない。今、堂々と、世界を股《また》にかけて動かしてますからねえ、私がね。うん。

## 「トランプ大統領」下の日米関係と、日露《にちろ》平和条約の構想を訊《き》く

里村　やがて、幸福実現党も絡《から》んでくるとは思いますけれども、例えば、アメリカの大統領がトランプ氏になったら、どうされますか。

安倍晋三守護霊　うん？　トランプになったら？

里村　はい。「日本は米軍駐留《ちゅうりゅう》のための全経費を持て」とか、いろいろと言っています。

いずれにしても、アメリカがアジアへの影響力《えいきょうりょく》をだんだん失っていくという現状において、アジアの平和を護《まも》るためには、やはり、安倍総理がかなり強い姿勢で振《ふ》る舞《ま》わなければいけないと思うんですけれども。

安倍晋三守護霊　トランプになったら、うーん……、まあ、でも、アメリカの大統領に誰《だれ》がなっても、そう大きくは変わらないだろうから、アメリカの退潮、退《ひ》いていくだろうということを予想して、国防強化のほうに出てきているわけだからね。だから、これも、基本的には大して変わらないよ。うーん。

綾織　それは、中国が台湾《たいわん》を取ったり、沖縄《おきなわ》を取ったりしてくるかもしれない事態に対処できる体制をつくることを考えていますか？

安倍晋三守護霊　だから、日露《にちろ》平和条約を結ぶことで、今、〝はさみ将棋《しょうぎ》〟やろうとしてるんじゃないの。

綾織　ああ、そういうお考えなんですか。

安倍晋三守護霊　うーん。日露が組むことで、中国があんまり勝手な動きをしてると、挟み撃ちができるし、あと、インドだってありえるからね。それをいちおう考えてはいますよ。

里村　まあ、それはもともと、幸福の科学および幸福実現党が言っていたことですけれども。

安倍晋三守護霊　そんなこと、世間《せけん》の人は誰も知らないから。君らの本は会員しか読まないから。

〝安倍幕府〟において、下々《しもじも》の者は考える必要なし？

綾織　ちょっと気になることとして、先ほどの〝安倍幕府〟の下《もと》での国民の幸福というのは、何を実現しようとされているんですか。

安倍晋三守護霊　いや、もう、下々《しもじも》はね、考えなくていいのよ。

綾織　考えなくていい？（苦笑）

安倍晋三守護霊　うん。もう、だから、幕府は代々、将軍が継《つ》いでいけば、それだけで済むことだから、下々はもう考える必要はないんで、ええ。

里村　今日はそういう安倍さんの考え方を幾《いく》つか、かなりお聞かせいただいたんですけれども、幸福実現党をターゲットにすることで一石二鳥、三鳥《さんちょう》も効果があると。それは……。

安倍晋三守護霊　まあ、別に、ターゲットにもしてないよ。私なんか、君らのために費《つい》やした時間なんか、ほんの一秒ぐらいだから。もう、大変な目標を、課題を、いっぱい抱《かか》えてる。

里村　そうだとしたら、なおさら、恐《おそ》ろしい話ですね。強大な権力を持つ最高権力者が、ちょっとした意向で……。

安倍晋三守護霊　うーん、だから、スターリンみたいなねえ、強大な権力を持ってみたいね、ほんとに。

里村　いったい何があったんです!?

安倍晋三守護霊　ええ？「何があった」？

里村　それとも、もともとですか？

安倍晋三守護霊「何があった」ってさあ。

里村　そんなに、いったい……。どうされたんです？　奥様《おくさま》と何かあったとか……。

安倍晋三守護霊　もう、あのねえ、そういうゴシップ雑誌みたいなことは言わないで、ううん？

## 本心は「国民あってこその国」から「国あってこその国民」へ

綾織　すみません、今、いらっしゃっているのは、安倍首相の守護霊をされている方だと思うんですけれども、あなたご自身は何というお名前ですか。

安倍晋三守護霊　うん？　北条時頼《ほうじょうときより》だよ。

綾織　時頼？

●北条時頼（1227 ～ 1263）　鎌倉幕府第５代執権。1246 年に執権職を継いだ。1247 年には、豪族三浦氏を滅ぼし、1249 年には、裁判の公正・迅速化を図るため引付衆《ひきつけしゅう》を新設して、北条氏の権力を確立、北条氏独裁の性格を強めた。なお、日蓮聖人が『立正安国論』を提出した相手は、事実上の最高権力者であった前執権の北条時頼であった。

安倍晋三守護霊　うん。

綾織　なるほど。それで、幕府を続けたいと？

安倍晋三守護霊　うん。

綾織　そして、独裁政権を続けたい？

安倍晋三守護霊　うん、うん。

綾織　宗教は弾圧《だんあつ》したいと？

安倍晋三守護霊　「独裁」と言うが、「独立国家を護れる体制」ということだよ。

綾織　独立国家？

安倍晋三守護霊　うん、うん。

綾織　それはいいことだとは思うんですけれども、そのためには、国民には自由がなくてもいいのだと？

安倍晋三守護霊　（国民に自由は）要らないよ。（国民が）護ってもらうのは、「国に護ってもらう」んだからね。だから、国がすべてで、国あってこその国民なんだよ。

だから、「国民あってこその国」っていう考えを、「国あってこその国民」だっていう考えに変えさせようとしてる。

綾織　ああ。国あってこそ？

安倍晋三守護霊　うん。

幸福の科学信者は全員「佐渡島《さどがしま》の収容所」行き？

綾織　宗教家が国に対して何か批判をしても、そんなものはもう要らないんだと。

安倍晋三守護霊　いや、もう、準備してるから。君らが辻説法《つじせっぽう》をやって、日蓮《にちれん》みたいに迫害《はくがい》を受けたり、それだけの心の準備ができてるんなら、迫害を開始してやらないといかんから。歴史に名前を遺したいんだろう？　だから、弾圧を受けたいんだろう？

里村　別に、弾圧を受けたいわけではないですよ。

安倍晋三守護霊　〝佐渡島《さどがしま》共和国〟に住みたいんなら、まあ、それは考えてやるよ。

里村　言葉はあれですけれども、宗教というのは、ある意味で、弾圧というものもまた、肥《こ》やしにして、どんどん強くなっていくんですよ。

安倍晋三守護霊　いやあ、強いかどうかは、それ、やってみないと分からないから。宗教によって違うからね。

里村　かつて、時頼様の時代も……。

安倍晋三守護霊　信者の名簿《めいぼ》を取り上げて、信者は全部、佐渡島に移して、柵《さく》のなかに入れて、パンダみたいに飼ってしまえば、まあ、それで済むんだからさ。うん。私も収容所みたいなのをつくってみたいなと思ってるんで。

## 「マスコミだって潰《つぶ》そうと思えばいつでも潰せる」

綾織　結局、時頼さんの時代もそうでしたけれども、「国防体制について、今の安倍さんで間に合うのか」ということを、私たちは言っているんですよ。確かに、少しずつやっているのは分かります。

安倍晋三守護霊　そういうことを言うこと自体が失礼なんだよ。中国が大きくなってること自体は、こちらではどうすることもできないんだからさ。これは、向こうの勝手なんだから。

綾織　それに合わせて動かないといけないわけですよ。

安倍晋三守護霊　動きます。世界中、飛び回って、日本中、飛び回ってるじゃない。うん。

里村　いや、体を動かして飛び回っていることだけがいいのではなくて、そこで何を言うか、何をビジョンとして持っているかが大事です。

安倍晋三守護霊　まあ、それをするためには、政権が安定することが大事で、選挙で負けない体制で、私が選挙なんかにエネルギーを使わなくても安定している体制をつくれることが大事なんだ。

里村　で、その安定の邪魔《じゃま》になったのが、今回、幸福実現党だったということですか。

安倍晋三守護霊　いや、君らが知らないところで、ほかのところは、ほかの動きをしてますからね。また。

里村　あ、ほかのですか？

安倍晋三守護霊　ああ。ほかもやっぱり、ちゃんとやってますから。それ。

里村　例えば、どんな？

安倍晋三守護霊　いや、〝種《たね》〟はいっぱい持ってますから。うん。いつ、それを炸《さく》裂《れつ》させるかっていうことで。

里村　そのなかに、やはり、マスコミも、また一つの技術……。

安倍晋三守護霊　マスコミだって、まあ、潰《つぶ》そうと思えば潰せる状態にあるからね、いつでも。

里村　私どもも、マスコミに対してはいろいろな意見がありますけれども、ただ、「潰そうと思えば潰せる」という考え方は、やはり、危険なのではないかと思うんです。

安倍晋三守護霊　朝日だって、本気になりゃあ、もう、潰せる段階まで来てるから。だから、かつて、「八百万部」と言ってたのが、「七百万部」と言い、「六百六十万部」と言ってるが、「実質は四百万部ぐらいまで落ちてるんでないか」っていうあたりまで言われてるから。

もし、朝日が詐欺《さぎ》を働いてると。「押《お》し紙」っていうのが流行《はや》って、ねえ？ 二百万部ぐらいごまかしてるというようなことを天下公然にして、信用失墜《しっつい》したら、これ、潰れるよね、下手《へた》したらね。うん。

里村　うーん。

安倍晋三守護霊　それって〝広告詐欺〟だよね。広告代金の詐欺。だから、いちおう、こっちはそういう策だって、もう、持ってるわけ。君らだけいじめてるわけじゃなくて、もう、ちゃんと持ってるんだから、ほかにも。

綾織　ああ、そういうことですね。

安倍晋三守護霊　やるときにはやるけど、「持っている」ということをちらつかせることで、言うことをきかせて、こう、ナビゲートしてるわけだよね。

〝安倍幕府〟が元寇《げんこう》のような「亡国の危機」を呼び込《こ》む恐《おそ》れは？

里村　今日は、政治力学としての、「なるほど」という話まで聞かせていただきました。

安倍晋三守護霊　いや、政治の本質がよく分かったか？

里村　「いい悪い」は別ですけどね。

安倍晋三守護霊　分かっただろう？

里村　ええ。ただ、今の時頼様のお言葉で言うと、そういう考えのあとに、結局、

（北条時頼の政権の直後に）元寇《げんこう》という「亡国の危機」があったわけですよね。

安倍晋三守護霊　それは、向こうが勝手に攻《せ》めてきたわけであって、こっちが何か言ったわけじゃないから、別に、向こうが勝手に攻めてきたんで。

綾織　今も、そういう状況《じょうきょう》です。

安倍晋三守護霊　だから、それで、秀吉《ひでよし》の時代には、反対に向こうを攻め込《こ》んで、「仕返し」したんでしょう？　だから、三百年後ぐらいに「仕返し」してくる、それはいいいよ。

里村　そうすると、例えば、それがまた、今、〝安倍幕府〟創設において、同じような国難を呼び込む恐《おそ》れもあるのではないですか。

安倍晋三守護霊　うーん。だから、君ら、ほんとに信者が全然増えない日蓮宗みたいに、辻説法してるだけ、街宣してるだけで、票が全然入らない街宣を延々とやってるからさ。

まあ、君ら、歴史に名前を遺したいんだろう？　だから、石つぶてを投げて、次は逮捕《たいほ》、あるいは、斬《き》りかかってもらいたい。もう、すごいマゾッ気《け》を感じるから、「協力せにゃいかんなあ」と。警察や検察に対してね。「捕《つか》まえてほしいらしいから、しっかり頑張《がんば》るように」と言ってるだけです。

里村　別に、幸福実現党は、「名前を遺したい」とか、そういうわけではございません。

安倍晋三守護霊　遺したいでしょう？　うん。

里村　地上仏国土《ぶっこくど》ユートピア建設、この世とあの世を貫《つらぬ》くユートピアの建設です。

安倍晋三守護霊　君たちがいなくなることがユートピアで、それでユートピアが出現するんですよ。あのねえ、「建設しよう」と思うのが間違いで。

綾織　あなたにとってはそうですね。

安倍晋三守護霊　「取り除く」だけでいいんですよ。有害なものを取り除くことで、ユートピアは出現するんですよ。

里村　しかし、それは、ディストピアであって、われわれや一般《いっぱん》の人が考えるような理想社会ではないと思いますけれども。

## 9　安倍首相を今、指導している霊人《れいじん》たち

### リオ五輪での小池《こいけ》都知事に対するいらだちをぶちまける

安倍晋三守護霊　小池《こいけ》（百合子《ゆりこ》）みたいなのに、君らがどんな協力をしたんだかどうか、知らんけどさあ。おかげさまで、築地《つきじ》（市場）の豊洲《とよす》移転さえ止まるし、オリンピック道路はオリンピックまでに開通しないかもしれないとか、とんでもないブレーキを踏《ふ》んでくれたから、だからもう、ほんっとねえ、変なやつが出てきたら困るのよ！

里村　ええ（笑）。

安倍晋三守護霊　だから、もうこれ以上ねえ、そういう幻想《げんそう》を振《ふ》り撒《ま》かないでいただきたいんですよ。

里村　やはり、小池都知事に対しても、かなりイライラが募《つの》っていらっしゃいますね。

安倍晋三守護霊　だからねえ、なんで、リオ五輪の閉会式であいつと一緒《いっしょ》にならなきゃいかんのよ。リオで。ねえ？　生意気《なまいき》に、なあ？　ドテッと太って、着物着て、ほんっとに腹立つっていうかねえ。ああ、ええ？

里村　いや、でも、ちゃんと着物を着て目立っていらっしゃいましたよ。

安倍晋三守護霊　目立つ必要ないっしょう？　そら、もう、ほんっとに。首相が来てるんで、要《い》らないっしょう？　首相が国旗を持って帰ったら……、国旗じゃない、オリンピックの旗を持って帰ったらいいじゃない。

## 今回の霊言《れいげん》ではなぜか口がよく回る安倍首相守護霊

綾織　今日はかなり口が立つ安倍首相の守護霊さん……。

安倍晋三守護霊　（口が）悪いでしょう？　悪いよ。腹立ってるからね。
今日は、ちょっと、今、Ｇ20にいるから……。

綾織　そういうところで少々気になるのは、時頼《ときより》さんでいいんですけれども、普段《ふだん》、霊界《れいかい》でお話しになってる方、あるいは、最近、誰《だれ》かからアドバイスを受けたりするような方というのはいらっしゃいませんか。

安倍晋三守護霊　ううん？　まあ、うん……。

綾織　そうとう、これだけ口が回るというのは、何かの影響《えいきょう》を……。

安倍晋三守護霊　口が悪い？

里村　いや、「口が回る」ということです。「悪い」というのではなく、今、「回る」って言ったんです。

安倍晋三守護霊　君、君たちと、対等に話してるだけで、別に……。

綾織　・・・・何かの影響を受けていらっしゃるのではないでしょうか。

安倍晋三守護霊　宗教修行《しゅぎょう》をしてて、そんなに口が悪いんだから、そんなん……。

里村　いえいえ、「口が悪い」のでなくて、「口が回る」と。非常に滑《なめ》らかであると。

安倍晋三守護霊　やっぱり、中国なんか、一方的に他人の非ばっかり責め続けるからさあ、そんなのと対抗《たいこう》するためには、やっぱり、もうちょっと強くならなきゃいかん。

里村　私たちは、宗教ジャーナリズム的には、「どういう方の影響があって、そこまで口が滑らかになられたのか」と訊《き》きたいんです。

安倍晋三守護霊　どういう……。

里村　例えば、今年に入ってから、ヒトラー霊にもいろいろと聞いたりしまして（『ヒトラー的視点から検証する　世界で最も危険な独裁者の見分け方』〔幸福の科学出版刊〕参照）。

安倍晋三守護霊　（笑）ああいう失礼なことをしたら、君ねえ、懲役刑《ちょうえきけい》だよ、ほんとねえ。君、懲役にぶち込《こ》まないといけないなあ。

里村　では、先ほどの「スターリンのような力を持ちたい」ということについては……。

安倍晋三守護霊　ああ、そういうことは、ちょっと言ってしまったかなあ。

里村　スターリンですか？

安倍晋三守護霊　いやいやいや、「すごいな」とは思うよ。あれだけ一人の人間がやれるっていう権力を持つっていうのは、歴史上は、やっぱり、例を見ないですからね。

綾織　うーん。そういう状態ですと、アドバイスを受けられる状態でありますね。

安倍晋三守護霊　スターリンぐらいの力を持てば、プーチンをねじ伏《ふ》せることもできるから。何とかプーチンをね、年内にねじ伏せるのを目標にしてるからね。プーチンをねじ伏せて、習近平《しゅうきんぺい》を震《ふる》え上がらせることができれば、私は歴史に名前が遺《のこ》るからね。

だから、それを考えてるので、スターリンとかも、多少は知恵をくれているかもしらんけどねえ。

綾織　ああ。

安倍晋三守護霊　偉大《いだい》な方だからね、まあ。

真田《さなだ》一族の霊《れい》から軍師的なアドバイスをもらっている？

里村　いや、「スターリンとかも」ということは、ほかの方もいらっしゃるわけですか。ほかの方も。はい。ぜひ。

安倍晋三守護霊　ううん？　ほかの方と……、ええ？　そら、鎌倉《かまくら》時代のあれですからね。鎌倉というか、あれだから、こちらはね。

里村　あっ、フビライ、え？

安倍晋三守護霊　え？　何が。

里村　中国のあれですか？

安倍晋三守護霊　うん？

里村　鎌倉時代は中国は、元《げん》の時代ですから。

安倍晋三守護霊　いや、それは敵方《てきがた》だから、それは。

里村　敵方ですもんね。

安倍晋三守護霊　うーん。敵方だからね。

綾織　鎌倉時代の、日本の方がアドバイスをしてくださる？

安倍晋三守護霊　うーん、まあ、ちょっとねえ、戦国時代の武将は、まあ、いろいろいるからね。いろいろいるから、いろいろ、そういうのに血が騒《さわ》ぐ人もいるからね、多少ね。

里村　ほう。ぜひ、後学のためにお聞かせいただきたいんですけれども。もう、本当にお一人ぐらいの名前をですね……。

安倍晋三守護霊　な、君、何、何を聞き出そうとしてるの？

里村　いやいや、いろいろなかたちでアドバイスをされる方、ご指南《しなん》をされる方を……。

安倍晋三守護霊　ううん？　うーん……。だから、君らだけが〝兵法指南〟をやってると思ったら、間違《まちが》いなんだよっていう、ねえ？　そういうことは知らないからね。君らだけじゃない。うん、まあ、そういう。

里村　それは鎌倉時代の方ですか？　戦国時代の方ですか？

安倍晋三守護霊　うーん……、まあ、やっぱり、ねえ？　今は真田《さなだ》も有名になってるしね、うーん。

綾織　真田？

安倍晋三守護霊　真田も有名になっとるからねえ。今は真田一族もちょっとねえ。

綾織　麻生《あそう》さんの……（注。過去の霊査《れいさ》で、麻生太郎《たろう》氏の過去世《かこぜ》の一人は真田昌幸《まさゆき》と推定されている。『副総理・財務大臣　麻生太郎の守護霊インタビュー』〔幸福の科学出版刊〕参照）。

安倍晋三守護霊　まあ、私たちを助けてくれてるから。うーん。

綾織　麻生さんとの関係はあるとは思いますね。

安倍晋三守護霊　そう、いることはいます。真田もいることはいるしねえ。まあ、真田だけとは必ずしも言えないわな。ほかにもいろいろいるからね。うーん。そういう軍師的な人たちも、けっこう存在はするからね。まあ、出てくる。いろいろアドバイスは、受けるわねえ。

首相公邸《こうてい》に住む旧帝国《ていこく》軍人の霊《れい》たちから指導を受けている?

安倍晋三守護霊　何よりも、あなた、旧帝国《ていこく》陸軍の大将たちも、首相公邸《こうてい》にお住みになっていらっしゃるわけですから、そら、インスピレーションの山ですよねえ。うーん（『「首相公邸の幽霊《ゆうれい》」の正体』〔幸福の科学出版刊〕参照）。

里村　でも、第一次政権のころ（二〇〇七年ごろ）の話ですが、以前に、東條英機《とうじょうひでき》元首相が安倍さんにインスピレーションやアドバイスを送っていたという話はあったんですけれども、その後、東條元首相の霊言《れいげん》で私がお伺《うかが》いしたときには……（『公開霊言 東條英機、「大東亜戦争の真実」を語る』〔幸福実現党刊〕参照）。

今でもあるんですか? 東條首相から……。

安倍晋三守護霊　だから、「東條が負けた道」を辿《たど》らないように、もう一回、「新しい国体の道」を開かなければいけないわなあ。今、彼らがなぜ負けたのかを研究してるわけだから、私のほうは。だから、負けないようにするにはどうしたらいいか、やっぱり研究せないかんなあ。うーん。

里村　もう一度お伺いします。別に、東條英機元首相がアドバイスをされているわけではないんですよね？

安倍晋三守護霊　うーん。

里村　違う？

安倍晋三守護霊　ま、あれは、私のパワーに期待してるけどな。どっちかいえばなあ。

里村　うーん。いったいどの部分か、ちょっと分かりませんけどね。もちろん、強い日本をつくることは結構ですが。

安倍晋三守護霊　だから、とりあえず、今、外交戦をやってるけども、時間を稼《かせ》いで、その間に十分な国体をつくっていくつもりではいるので、うーん。

里村　戦前の、悔《くや》しいというか、無念の思いを持っていたような、けっこう上の方々が重なっていかれているような感じがしますね。

安倍晋三守護霊　それは、つながってはいるわなあ。まだ不成仏《ふじょうぶつ》の方もいっぱいいいらっしゃるからねえ。ええ。

里村　例えば、八月十五日の天皇の玉音《ぎょくおん》放送前に自決された方とか。

安倍晋三守護霊　うーん、そんな人もいるわねえ。まあ、いろいろ。

里村　陸軍大将ですか。

安倍晋三守護霊　あれは、それはもう、数えれば、きりがないぐらいたくさんいるから、そのへんの無念は晴らしてやらないといかんからねえ。

## 〝安倍教〟の理想は「スターリニズム」の完成なのか

安倍晋三守護霊　だから、君らも、もう〝安倍幕府〟って言葉が嫌《きら》いだったら、

〝安倍教〟に帰依《きえ》すればいいわけよ。

里村　〝安倍教〟……。

安倍晋三守護霊　〝安倍教〟にちゃんと帰依しなさいよ。ね？　私に帰依すれば、もう、靖国参拝《やすくにさんぱい》の代わりになるんだから、それが。うーん。

里村　〝安倍教〟に帰依すれば、そのなかで、例えば、「幸福実現党も生きるのは許してやる」とか、そういうことですか。

安倍晋三守護霊　要らないでしょう、こんなもの。

里村　要らない？

安倍晋三守護霊　まあ、思いついてつくったんだろ？　もう、要らないよ。もう、使命は終わったんだから。

里村　せめて、「政治的な選択肢《せんたくし》の一つとしては、存続はいいよ」と言ってもいいかと思ったのですが……。

安倍晋三守護霊　選択肢にならないじゃない。だって、もう、あんな都知事だって二百九十一万票も取るところで三万票ぐらいしか取れないようなもの、もう、出たってしょうがないよ、こんなの。だったら、もう、攪乱《かくらん》要因にしかすぎないでしょう。

里村　いや、それは攪乱ではありません。しかし、それが、現実の政治に、選挙の結果に影響を与《あた》えるということは大切なんです。そういう一票一票の意見を大切にするのが民主主義の本旨《ほんし》ですから。

安倍晋三守護霊　だから、君ら、民主党が「亡国政権」であるということを明らかにした功績は認めて、私らをカムバックするための力になったことは認めるけども、私の政権の悪口をグチュグチュ言うんなら、やっぱり、〝退場勧告《かんこく》〟ということやなあ。

里村　なるほど。

安倍晋三守護霊　私は、今は、もう、そういう〝スターリニズムの完成〟に近づいてるんだから。

里村　はあ、スターリニズムですか。

綾織　スターリニズムですね。はい。よく分かりました。

安倍晋三守護霊　うーん。

## ついに〝元首《げんしゅ》の本心〟を語った安倍首相守護霊

里村　今日は、Ｇ20でお忙《いそが》しいなか……。

安倍晋三守護霊　ああ、忙しいよ。

里村　非常に口滑らかに、いろいろとお話しいただきました。私たちも、また、今後の参考にさせていただきたいと思います。

安倍晋三守護霊　うーん。君ら、ほんとに、いつでも、いつでも、一日でも早く解散するといいと思うよ。意見はねえ、言論までは封《ふう》じないからね。大川隆法さんが本を出して、ワアワア言ってる分ぐらいにはいいよ。取捨選択して、採用するものは採用するから。

あとのは、食えない人たちを失業対策のためにいっぱい雇《やと》わないで、ちゃんとねえ、働きに出なさい。働きに出て、自分の生活を立てなさいよ。ねえ。そんなとこで、節税のためにやられたら困るんですよ。

里村　安倍政権において足らざるものがまだまだあまりにも多いから、私たちも止《と》めるわけにはまいりません。

安倍晋三守護霊　全然分からない。言ってることが意味不明。分かんないなあ。

里村　「経済政策」しかり、「外交政策」しかり。「安全保障」……。

安倍晋三守護霊　君らにできるとは思えないね。だから、君ら、出てる候補の能力を、ほんとよく見たほうがいいよ。

里村　ですから、ぜひ、これからも一緒に、どうか力を競《きそ》わせていただきたいと思います。

安倍晋三守護霊　競う必要はないよ。

里村　できるかどうか分からないんですから。

安倍晋三守護霊　競う必要はないのよ、もう。もう、一票でも、余分に取らないでくれ。うーん。

里村　分かりました。今日、お考えをいろいろとお聞かせいただきました。

安倍晋三守護霊　うんうん。ああ、かなりはっきり言ったんだからさ。もう、〝元《げん》首《しゅ》の本心〟を語ったんだからさあ、ちゃあんと。

里村　〝元首の本心〟？

安倍晋三守護霊　ええ？　〝元首の本心〟ですよ。語ったんだから、ちゃんと、重々しく受け止めなさいよ。

里村　いいタイトルを頂いた感じがいたします。はい。本日はまことにありがとうございました。

安倍晋三守護霊　もう、天皇は退位するんだからね。これが〝元首の本心〟だから。

里村　ああ、はい。分かりました。ありがとうございました。

## 10　安倍首相守護霊の霊言《れいげん》を終えて

### いまだに支持率はあっても「政権末期《まっき》の匂《にお》い」が漂《ただよ》う安倍政権

大川隆法　（手を二回叩《たた》く）まあ、だいぶ、〝血圧〟が上がっているかもしれませんね。以前の安倍首相守護霊と比べれば、そうとう〝イラッチ〟の感じがしますので、けっこう厳しいところまで来ているのかもしれないと感じます。

今のところ支持率はありますが、政権としてけっこう追い込《こ》まれているのは、当初は経済政策のほうが得意で「売り」だったのに、これがもう、まもなく言えなくなるような感じであるということと、外交ではいっぱい動いてきたものの、まだ本当は成果としてあがっているわけではなく、ただ動いているだけなので、今後、ここで〝チョンボ〟が出るか、何か〝ウルトラC《シー》〟を出せるかにかかっているところなのでしょう。

里村　はい、はい。

大川隆法　ただ、プーチンが思いのほか手強《てごわ》いし、習近平《しゅうきんぺい》もまたなかなか手強い。ここと競争をしているわけですが、中国がアフリカに六兆円の投資をしている一方で、日本が三兆円の投資をしても、まだまだ二分の一ぐらいで対抗《たいこう》しているような感じにも見えます。また、南沙《なんさ》諸島のほうは、中国がどんどん陣地《じんち》を築き始めていて、それがあまりに速いので、いらだっているのでしょう。独裁者はすぐバーッとできるのに、日本ではあまりにも時間がかかりすぎるし、マスコミが足を引っ張ると、全然できなくなってくるので、いらだってはいるのだろうとは思います。

このなかで、チクチクと刺《さ》してくる蜂《はち》のようなものにも本当に腹が立ってしかたがなくて、「スターリンのような独裁制を敷《し》けないかなあ。そうしたら、効率よく、速くできるのに。今の中国やロシアに対抗するには、やはり、そのくらいの力が必要だ」といったことを思っているような気はします。

そういうわけで、支持率はあるけれども、やはり、「政権末期《まっき》の匂《にお》い」がしますね。私には〝末期の匂い〟がするんですが。

## すでに政策は尽《つ》きて「惰性《だせい》で飛ぶグライダー」のようになっている

里村　前回の参院選でも、都市部では確実に票が落ち、負け始めています。

大川隆法　ですから、自民党は、参院選で一部に予想外の負けがあったのと、都知事選でも負け、次の衆院補選でも負けると……。次には蓮舫《れんほう》さんが（衆院東京10区の補選に）出てくる可能性が高い状況《じょうきょう》です。それで「東京」を落とし、もしかしたら「福岡《ふくおか》」のほうも負けるかもしれないと言われており、この二つを落としたとしたら、新しい体制もすぐにつまずきが出ますよね。

里村　うーん。

大川隆法　そのころにはアメリカの大統領選もあるのに、日本は外交上の大きな（日露《にちろ》間の）交渉《こうしょう》を、オバマさんに逆《さか》らってまでやろうとしているわけですから、これで成果がなかったら、ある意味で、日本は丸裸《まるはだか》で放り出される感じでしょうか。アメリカにはもう、「まったく援助《えんじょ》しない。支援しない」と言われるだけでなく、ロシアも中国も敵対しているということになれば、太平洋における〝丸裸の孤《こ》児《じ》〟のようになる可能性はあるわけです。

そういう意味では、本当は、その怖《こわ》さ、危機感のようなものが非常にあるのではないでしょうか。

本当は怖いのではないですか。そういういらだちを感じましたね。

里村　うーん。

大川隆法　確かに、誰《だれ》かが言っていたように、当会を潰《つぶ》せなかったら、次は黒田《くろだ》総裁のクビぐらいは切ってすげ替《か》えたいところかもしれません。黒田総裁とか、NHKの（籾井《もみい》）会長とか、あのあたりでもすげ替えて、何らかの〝ガス抜《ぬ》き〟をしたいところかもしれないでしょう。当会でなければ、ほかのどこかがいくかもしれません。

里村　はい。

大川隆法　まあ、大変ですね。ご苦労なことだと思いますけれども、ただ、「もういいかな」という感じも、若干《じゃっかん》、しないでもありません。今は「惰性《だせい》で飛んでいるグライダー」のような感じに見えなくもないので、策は尽《つ》きているのではないでしょうか。

里村　はい。幸福実現党も頑張《がんば》って、これを逆に飛躍《ひやく》の力へと変えていきます。

## 「本音を言わない人」の本音をオープンにする意義

大川隆法　今、当会に対して警察等を使ってやろうとしていますけれども、向こうも公務員だから、時間を稼《かせ》いで、適当に何かやっているように見せて、上が替わるのを待っているようなところもあります。役人のところはあまり本気で相手にしてはいけないところもあるかもしれません。

里村　はい。

大川隆法　今回の霊言《れいげん》をオープンにされるということは、「日刊ゲンダイ」的に見れば、かなり面白《おもしろ》い内容ですね（笑）。

里村　いやあ、ちょっと、今までにない衝撃波《しょうげきは》になると思います。

大川隆法　まあ、一種の情報提供ということで、ほかのマスコミ等がものを書くときの座右《ざゆう》の銘《めい》というか、参考書にしながら書いてくださると、ペンが動き始めるという感じになりますかね。

里村　はい。

大川隆法　これを経典《きょうてん》化しておくことによって、バランスを取り戻《もど》すための「フォース」、バランスさせる力になるかもしれません。

里村　はい。今から、頑張ってまいります。

大川隆法　ただ、マスコミ的に言うと、普通《ふつう》、これだけ本音を言わせるということだけでも、十分な勝利なんでしょう?

里村　はい。それがいちばんだと思います。

大川隆法　本音を言わない人たちの本音を言わせることが、いちばん大きな成果になるのでしょう?

里村　はい。折伏《しゃくぶく》というよりも、そこがいちばん大切です。

大川隆法　結局、そういうことなんでしょう。今回はかなりしゃべりましたね。

里村　はい。

大川隆法　太字にしたいようなところが幾《いく》つかありましたね。

里村　はい（笑）。

大川隆法　（笑）まあ、どうするかは分かりませんけれども。当会も、しぶとく、時間をかけてやっていくしかないですね。「宗教弾圧《だんあつ》」まで語りましたから。

里村　だいたい、その節《ふし》が分かりましたので。

大川隆法　脅《おど》しもだいぶ入っているとは思いますけれども、これは、他宗教の方にも知っていただく必要があるでしょう。

里村　はい。ありますね。

中国や北朝鮮《きたちょうせん》のようになりたくなければ法律は最小限にすべし

大川隆法　今は、やや追い込まれているため、あまり考える余裕《よゆう》がなかったということかと思います。逮捕《たいほ》して起訴《きそ》しても結構だけれども、〝お返し〟はこんなものが返ってくるということで、向こうは「北朝鮮《きたちょうせん》みたいな団体だ」と思っているかもしれません。ただ、「言うべきことは言わせていただく」ということです。

里村　しっかりと広げさせていただきます。

大川隆法　こちらの口を塞《ふさ》ごうとしているのですが、「口を塞ごうとするならば、その前に、言うべきことは言いますよ」と言っているわけです。私たちは、現行憲法下でも、平和的に合法的なことを言っているわけですから、現行憲法下において、「憲法改正など粘土《ねんど》をこねるようにやれる」と思っている人の本心は、おそらく、「手続法改正で、ズバッと何でも変えられるようにしたい」というところあたりでしょうか。

里村　はい。

大川隆法　「法律など、自分たちでいくらでもつくれる」と思っているようですから、そういうことを思っている人のつくった法律を、ただただバカ正直に守るだけが法治《ほうち》国家であり、それによって国民を飼いならすというのであれば、これは、「隷属《れいぞく》への道」そのものなのではないでしょうか。

里村　はい。

大川隆法　私は、法律は少ないほどいいと思うし、自由の領域を狭《せば》めてはならないと思っています。ギリギリいっぱいまで自由を認めるために、やはり、「法律は最小限にすべきだ」と思っているのです。

ましてや、人に対して懲役《ちょうえき》や罰金《ばっきん》が出るようなものを拡張解釈《かいしゃく》して、何重にもやれるようなやり方は、すべきではないと思います。それは、法の運用上も間違《まちが》っているのではないでしょうか。「中国や北朝鮮のようになりたくないなら、そういうことはやめるべきだ」と言っておきたいですね。

里村　はい。それでは以上とさせていただきます。大川隆法総裁先生、本日はまことにありがとうございました。

大川隆法　はい。

# あとがき

本書は、〝宗教ジャーナリズム〟としては出色《しゅっしょく》の出来《でき》だろう。また、現在進行形の生きた政治が学べるという点では、〝政治学テキスト〟としても、貴重な第一次資料になることだろう。「政治権力とは何か」を、政治家自身の本心でここまで語って頂ければ、〝翻訳機《ほんやくき》〟としてのマスコミの精度《せいど》は、神業《かみわざ》レベルまで高まることだろう。

鋼鉄の男《スターリン》・安倍首相は、プーチン、習近平《しゅうきんぺい》、金正恩《キムジョンウン》に勝てるか。〝安倍幕府《あべばくふ》〟を開いて、新しい〝初代《しょだい》・元首《げんしゅ》〟となれるか。

折《おり》しも、G20で主催国《しゅさいこく》、中国で国際会議をしている最中《さいちゅう》、北朝鮮からは、ノドン型とみられるミサイル三発が、一千キロ飛んで、日本の排他的経済水域内の北海道沖に同時、同地点に着弾《ちゃくだん》したことが知らされた。安倍首相の胸中《きょうちゅう》は、焦《あせ》りといらだちで一杯《いっぱい》であったことだろう。

本書への、同氏守護霊の惜《お》しみない協力に、深謝《しんしゃ》する次第《しだい》である。

二〇一六年　九月六日

幸福《こうふく》の科学《かがく》グループ創始者兼総裁《そうししゃけんそうさい》
幸福実現党創立者兼総裁《こうふくじつげんとうそうりつしゃけんそうさい》　大川隆法《おおかわりゅうほう》

## 『自称〝元首〟の本心に迫る』大川隆法著作関連書籍

『今上天皇の「生前退位」報道の真意を探る』（幸福の科学出版刊）
『緊急・守護霊インタビュー　台湾新総統　蔡英文の未来戦略』（同右）
『ヒトラー的視点から検証する 世界で最も危険な独裁者の見分け方』（同右）
『副総理・財務大臣　麻生太郎の守護霊インタビュー』（同右）
『「首相公邸の幽霊」の正体』（同右）
『幸福実現党本部 家宅捜索の真相を探る』（幸福実現党刊）
『二階俊博自民党幹事長の守護霊霊言』（同右）
『吉田松陰は安倍政権をどう見ているか』（同右）
『公開霊言 東條英機、「大東亜戦争の真実」を語る』（同右）
『菅官房長官の守護霊に訊く　幸福実現党〝国策捜査〟の真相』
（幸福の科学広報局編　幸福の科学出版刊）

自称《じしょう》〝元首《げんしゅ》〟の本心《ほんしん》に迫《せま》る
――安倍首相の守護霊霊言――

2016年9月7日　初版第1刷

著　者　　大《おお》　川《かわ》　隆《りゅう》　法《ほう》

発行所　　幸福の科学出版株式会社

〒107-0052 東京都港区赤坂2丁目10番14号
TEL(03)5573-7700
http://www.irhpress.co.jp/

印刷・製本　株式会社 研文社

落丁・乱丁本はおとりかえいたします

ISBN978-4-86395-836-4 C0030

## 大川隆法 霊言シリーズ・安倍政権のあり方を問う

### 岸田文雄外務大臣守護霊インタビュー
# 外交 そして この国の政治の未来

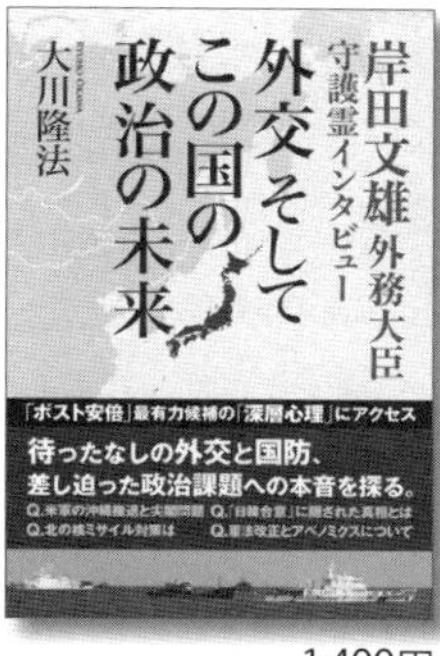


もし、岸田氏が総理大臣になったら、日本はどうなる? 外交、国防、憲法改正、経済政策など、次の宰相としての適性を多角的に検証。【幸福実現党刊】

1,400円

# 今上《きんじょう》天皇の「生前退位」報道の真意を探る

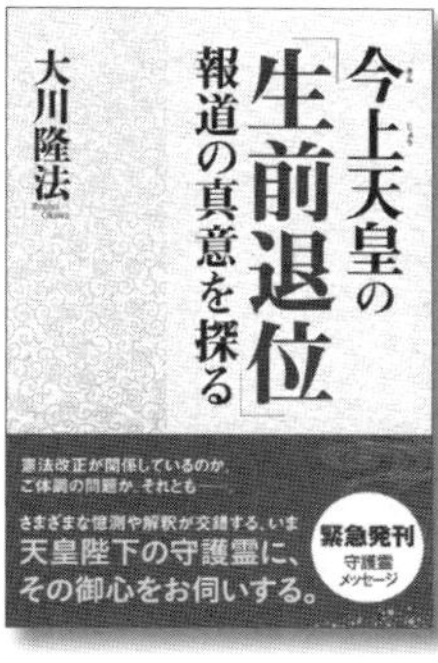


「生前退位」について様々な憶測が交錯するなか、天皇陛下の守護霊が語られた「憲法改正」や「皇室の行く末」、そして「先の大戦」についてのご本心。

1,400円

# 橋本龍太郎元総理の霊言
### 戦後政治の検証と安倍総理への直言

長期不況を招いた90年代の「バブル潰し」と「消費増税」を再検証するとともに、マスコミを利用して国民を欺く安倍政権を"橋龍"が一刀両断!

1,400円

## 大川隆法霊言シリーズ・世界の政治指導者の本心

### プーチン 日本の政治を叱る

**緊急守護霊メッセージ**

日本はロシアとの友好を失ってよいのか？日露首脳会談の翌日、優柔不断な日本の政治を一刀両断する、プーチン大統領守護霊の「本音トーク」。

1,400 円

---

### 守護霊インタビュー ドナルド・トランプ アメリカ復活への戦略

英語霊言 日本語訳付き

次期アメリカ大統領を狙う不動産王の知られざる素顔とは？ 過激な発言を繰り返しても支持率トップを走る「ドナルド旋風」の秘密に迫る！

1,400円

---

### 中国と習近平に未来はあるか

**反日デモの謎を解く**

「反日デモ」も、「反原発・沖縄基地問題」も中国が仕組んだ日本占領への布石だった。緊迫する日中関係の未来を習近平氏守護霊に問う。【幸福実現党刊】

1,400 円

---

### 北朝鮮・金正恩はなぜ「水爆実験」をしたのか

**緊急守護霊インタビュー**

2016 年の年頭を狙った理由とは？ イランとの軍事連携はあるのか？ そして今後の思惑とは？ 北の最高指導者の本心に迫る守護霊インタビュー。

1,400 円

---

幸福の科学出版

## 大川隆法シリーズ・幸福実現党の目指すもの

# 幸福実現党宣言

### この国の未来をデザインする

政治と宗教の真なる関係、「日本国憲法」を改正すべき理由など、日本が世界を牽引するために必要な、国家運営のあるべき姿を指し示す。

1,600円

# 政治革命家・大川隆法

### 幸福実現党の父

未来が見える。嘘をつかない。タブーに挑戦する――。政治の問題を鋭く指摘し、具体的な打開策を唱える幸福実現党の魅力が分かる万人必読の書。

1,400円

# 太陽の昇る国

### 日本という国のあり方

**釈量子　著**

幸福実現党・釈量子党首が、九名との対談を通して日本の未来を描く。混迷する日本を打開する「知性」、「志」、「行動力」が詰まった一冊。特典DVD付き。

【幸福実現党刊】

1,200円

※表示価格は本体価格(税別)です。

## 最新刊

# 小池百合子 実力の秘密

**大川隆法　著**

孤立無援で都知事選を戦い抜き、圧勝した小池百合子氏。マスコミ報道では見えてこない政治家としての本心から、魂の秘密までを多角的に検証。

1,400 円

---

# 夫婦の心得

### ふたりでつくる
### 新しい「幸せのカタチ」

**大川咲也加　大川直樹　共著**

恋愛では分からない相手の「素」の部分や、細かな習慣の違いなど、結婚直後にぶつかる〝壁〟を乗り越えて、「幸せ夫婦」になるための 12 のヒント。

1,400 円

---

# 女性のための「幸せマインド」のつくり方

**大川紫央　大川咲也加　大川瑞保　共著**

なぜか幸せをつかむ女性が、いつも心掛け、習慣にしていることとは? 大川家の女性 3 人が、周りに「癒やし」と「幸せ」を与える秘訣を初公開!

1,400円

大川隆法「法シリーズ」・**最新刊**

# 正義の法

法シリーズ
第22作

## 憎しみを超えて、愛を取れ

テロ事件、中東紛争、中国の軍拡――。
どうすれば世界から争いがなくなるのか。
あらゆる価値観の対立を超える
「正義」とは何か。
著者二千書目となる「法シリーズ」最新刊！

2,000円

第１章　神は沈黙していない――「学問的正義」を超える「真理」とは何か
第２章　宗教と唯物論の相克――人間の魂を設計したのは誰なのか
第３章　正しさからの発展――「正義」の観点から見た「政治と経済」
第４章　正義の原理
――「個人における正義」と「国家間における正義」の考え方
第５章　人類史の大転換――日本が世界のリーダーとなるために必要なこと
第６章　神の正義の樹立――今、世界に必要とされる「至高神」の教え

※表示価格は本体価格（税別）です。

## 大川隆法ベストセラーズ・地球レベルでの正しさを求めて

# 未来へのイノベーション

**新しい日本を創る幸福実現革命**

経済の低迷、国防危機、反核平和運動……。「マスコミ全体主義」によって漂流する日本に、正しい価値観の樹立による「幸福への選択」を提言。

1,500円

# 正義と繁栄

**幸福実現革命を起こす時**

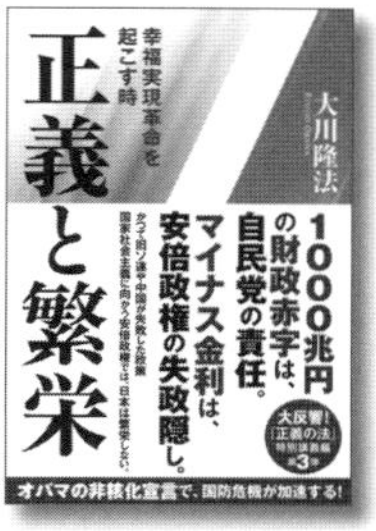


「マイナス金利」や「消費増税の先送り」は、安倍政権の失政隠しだった!? 国家社会主義に向かう日本に警鐘を鳴らし、真の繁栄を実現する一書。

1,500円

# 世界を導く日本の正義

20年以上前から北朝鮮の危険性を指摘してきた著者が、抑止力としての日本の「核装備」を提言。日本が取るべき国防・経済の国家戦略を明示した一冊。

1,500円

# 現代の正義論

**憲法、国防、税金、そして沖縄。**
**――『正義の法』特別講義編**

国際政治と経済に今必要な「正義」とは――。北朝鮮の水爆実験、イスラムテロ、沖縄問題、マイナス金利など、時事問題に真正面から答えた一冊。

1,500円

幸福の科学出版

# 幸福の科学グループのご案内

**宗教、教育、政治、出版などの活動を通じて、地球的ユートピアの実現を目指しています。**

## 幸福の科学

一九八六年に立宗。信仰の対象は、地球系霊団の最高大霊、主エル・カンターレ。世界百カ国以上の国々に信者を持ち、全人類救済という尊い使命のもと、信者は、「愛」と「悟り」と「ユートピア建設」の教えの実践、伝道に励んでいます。

（二〇一六年九月現在）

## 愛

幸福の科学の「愛」とは、与える愛です。これは、仏教の慈悲《じひ》や布施《ふせ》の精神と同じことです。信者は、仏法真理をお伝えすることを通して、多くの方に幸福な人生を送っていただくための活動に励んでいます。

## 悟り

「悟り」とは、自らが仏の子であることを知るということです。教学《きょうがく》や精神統一によって心を磨き、智慧《ちえ》を得て悩みを解決すると共に、天使・菩薩《ぼさつ》の境地を目指し、より多くの人を救える力を身につけていきます。

## ユートピア建設

私たち人間は、地上に理想世界を建設するという尊い使命を持って生まれてきています。社会の悪を押しとどめ、善を推し進めるために、信者はさまざまな活動に積極的に参加しています。

国内外の世界で貧困や災害、心の病で苦しんでいる人々に対しては、現地メンバーや支援団体と連携して、物心両面にわたり、あらゆる手段で手を差し伸べています。

年間約３万人の自殺者を減らすため、全国各地で街頭キャンペーンを展開しています。

公式サイト **www.withyou-hs.net**

ヘレン・ケラーを理想として活動する、ハンディキャップを持つ方とボランティアの会です。視聴覚障害者、肢体不自由な方々に仏法真理を学んでいただくための、さまざまなサポートをしています。

公式サイト **www.helen-hs.net**

## 幸福の科学グループの教育・人材養成事業

# HSU ハッピー・サイエンス・ユニバーシティ

Happy Science University

## ハッピー・サイエンス・ユニバーシティとは

ハッピー・サイエンス・ユニバーシティ（HSU）は、大川隆法総裁が設立された
「現代の松下村塾」であり、「日本発の本格私学」です。
建学の精神として「幸福の探究と新文明の創造」を掲げ、
チャレンジ精神にあふれ、新時代を切り拓く人材の輩出を目指します。

## 学部のご案内

### 人間幸福学部

**人間学を学び、新時代を切り拓くリーダーとなる**

### 経営成功学部

**企業や国家の繁栄を実現する、起業家精神あふれる人材となる**

### 未来産業学部

**新文明の源流を創造するチャレンジャーとなる**

### 未来創造学部

2016年4月開設

**時代を変え、未来を創る主役となる**

政治家やジャーナリスト、ライター、俳優・タレントなどのスター、映画監督・脚本家などのクリエーター人材を育てます。※

※キャンパスは東京がメインとなり、2年制の短期特進課程も新設します（4年制の1年次は千葉です）。2017年3月までは、赤坂「ユートピア活動推進館」、2017年4月より東京都江東区（東西線東陽町駅近く）の新校舎「HSU未来創造・東京キャンパス」がキャンパスとなります。

住所 〒299-4325 千葉県長生郡長生村一松丙 4427-1
TEL.0475-32-7770

# 教育

## 学校法人 幸福の科学学園

学校法人 幸福の科学学園は、幸福の科学の教育理念のもとにつくられた教育機関です。人間にとって最も大切な宗教教育の導入を通じて精神性を高めながら、ユートピア建設に貢献する人材輩出を目指しています。

**幸福の科学学園**

**中学校・高等学校（那須本校）**
2010年4月開校・栃木県那須郡（男女共学・全寮制）
TEL 0287-75-7777
公式サイト happy-science.ac.jp

**関西中学校・高等学校（関西校）**
2013年4月開校・滋賀県大津市（男女共学・寮及び通学）
TEL 077-573-7774
公式サイト kansai.happy-science.ac.jp

**仏法真理塾「サクセスNo.1」** TEL 03-5750-0747（東京本校）
小・中・高校生が、信仰教育を基礎にしながら、「勉強も『心の修行』」と考えて学んでいます。

**不登校児支援スクール「ネバー・マインド」** TEL 03-5750-1741
心の面からのアプローチを重視して、不登校の子供たちを支援しています。
また、障害児支援の**「ユー・アー・エンゼル!」運動**も行っています。

**エンゼルプランV** TEL 03-5750-0757
幼少時からの心の教育を大切にして、信仰をベースにした幼児教育を行っています。

**シニア・プラン21** TEL 03-6384-0778
希望に満ちた生涯現役人生のために、年齢を問わず、多くの方が学んでいます。

**NPO活動支援**

学校からのいじめ追放を目指し、さまざまな社会提言をしています。また、各地でのシンポジウムや学校への啓発ポスター掲示等に取り組む一般財団法人「いじめから子供を守ろうネットワーク」を支援しています。

公式サイト mamoro.org
相談窓口 TEL.03-5719-2170
ブログ blog.mamoro.org

# 政治

## 幸福実現党

内《ない》憂《ゆう》外《がい》患《かん》の国難に立ち向かうべく、二〇〇九年五月に幸福実現党を立党しました。創立者である大川隆法党総裁の精神的指導のもと、宗教だけでは解決できない問題に取り組み、幸福を具体化するための力になっています。

幸福実現党 釈量子サイト
**shaku-ryoko.net**

Twitter
**釈量子@shakuryoko**
で検索

党の機関紙
「幸福実現NEWS」

## 幸福実現党 党員募集中

### あなたも幸福を実現する政治に参画しませんか。

○幸福実現党の理念と綱領、政策に賛同する18歳以上の方なら、どなたでも党員になることができます。

○党員の期間は、党費（年額 一般党員5千円、学生党員2千円）を入金された日から1年間となります。

### 党員になると

党員限定の機関紙が送付されます。

（学生党員の方にはメールにてお送りします）

申込書は、下記、幸福実現党公式サイトでダウンロードできます。

住所：〒107-0052
東京都港区赤坂2-10-8 6階
幸福実現党本部

TEL **03-6441-0754**
FAX **03-6441-0764**
公式サイト **hr-party.jp**
若者向け政治サイト **truthyouth.jp**

## 出版メディア事業

# 幸福の科学出版

大川隆法総裁の仏法真理の書を中心に、ビジネス、自己啓発、小説など、さまざまなジャンルの書籍・雑誌を出版しています。他にも、映画事業、文学・学術発展のための振興事業、テレビ・ラジオ番組の提供など、幸福の科学文化を広げる事業を行っています。

アー・ユー・ハッピー？
**are-you-happy.com**

ザ・リバティ
**the-liberty.com**

幸福の科学出版
TEL **03-5573-7700**
公式サイト **irhpress.co.jp**

THE FACT
**ザ・ファクト**
マスコミが報道しない
「事実」を世界に伝える
ネット・オピニオン番組

Youtubeにて
随時好評配信中！

ザ・ファクト　検索

# ニュースター・プロダクション

NEW STAR PRODUCTION

ニュースター・プロダクション(株)は、新時代の〝美しさ〟を創造する芸能プロダクションです。二〇一六年三月には、ニュースター・プロダクション製作映画「天使に〝アイム・ファイン〟」を公開しました。

公式サイト
**newstar-pro.com**

# 入会のご案内

## あなたも、幸福の科学に集い、ほんとうの幸福を見つけてみませんか？

幸福の科学では、大川隆法総裁が説く仏法真理をもとに、「どうすれば幸福になれるのか、また、他の人を幸福にできるのか」を学び、実践しています。

### 入会

大川隆法総裁の教えを信じ、学ぼうとする方なら、どなたでも入会できます。入会された方には、『入会版「正心法語」』が授与されます。（入会の奉納は1,000円目安です）

**ネット**でも**入会**できます。詳しくは、下記URLへ。
**happy-science.jp/joinus**

### 三帰《さんき》誓願《せいがん》

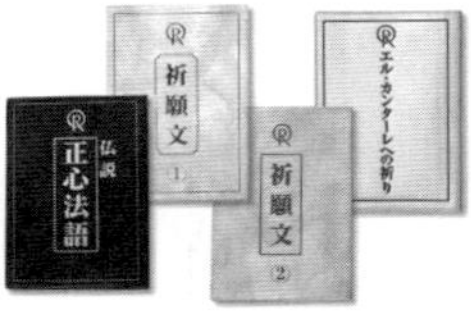


仏弟子としてさらに信仰を深めたい方は、仏・法・僧の三宝への帰依を誓う「三帰誓願式」を受けることができます。三帰誓願者には、『仏説・正心法語』『祈願文①』『祈願文②』『エル・カンターレへの祈り』が授与されます。

### 植福《しょくふく》の会

植福は、ユートピア建設のために、自分の富を差し出す尊い布施の行為です。布施の機会として、毎月1口1,000円からお申込みいただける、「植福の会」がございます。

ご希望の方には、幸福の科学の小冊子（毎月1回）をお送りいたします。詳しくは、下記の電話番号までお問い合わせください。

月刊「幸福の科学」

ザ・伝道

ヤング・ブッダ

ヘルメス・エンゼルズ

INFORMATION
**幸福の科学サービスセンター**
**TEL. 03-5793-1727**（受付時間 火～金：10～20時／土・日・祝日：10～18時）
幸福の科学 公式サイト **happy-science.jp**